가나 오투암의 여왕

페기린 바텔스

글 김영주

1959년 서울에서 태어나 건국대 대학원 화학과를 졸업했습니다. 2003년 『문학사상』 신인상을 받으며 등단했습니다. 작품으로는 장편소설 『떠다니는 사람들』 『자산정약전』 『책쾌』와 동화 『선생님, 길이 사라졌어요』 『순이』 『빨간수염 연대기』, 공저 『못다 이룬 꿈도 아름답다』 등이 있습니다. 2012년 서울문화재단 창작기금을 받았습니다.

그림 박로사

대학에서 일러스트레이션을 전공한 뒤 올망졸망한 아이들과 지내면서 아이들을 위한 그림책을 그려야겠다고 생각했습니다. 파파 할머니가 될 때까지 누군가에게 위로가 되고 따뜻한 향기를 전할 수 있는 그림책을 그리고 싶습니다. 그린 책으로는 『초록 지구를 만드는 환경지킴이들의 이야기』 『꼴찌여도 괜찮아』 『지구야 지구야 나 좀 도와줘』 등이 있습니다.

가나 오투암의 여왕

페기린 바텔스

글 김영주 | 그림 박로사

리젬

가난한 사람들에게 희망의 꽃씨가 되어 주다

오투암은 아프리카 서부의 기니만에 위치한 가나공화국의 부족 마을입니다. 판테족 7천여 명이 살고 있으며 주민들 대부분이 열대작물 재배와 어업에 종사하고 있습니다. 그런데 마을 진입로는 비포장도로인데다 수도 시설이 한 곳도 없어 수 킬로미터나 떨어진 마을 외곽의 지하수 양수 시설에서 돈을 내고 물을 사와야 합니다. 고등학교도, 의사도, 구급차도 없습니다. 은행도, 도서관도, 공중화장실도 없습니다. 가정 폭력과 여성에 대한 차별이 심하고 생필품을 사려면 택시를 타고 이웃 마을까지 가야 합니다. 마을의 원로들은 이익을 채우기에만 급급해 부정부패를 일삼고 주민들은 더 이상 왕실을 믿고 의지하지 않습니다.

30년 가까이 미국 워싱턴의 주미 가나 대사관 직원으로 일하던 페기린은 그렇듯 모든 것이 열악하기만 한 오투암의 여왕에 추대됩니다.

여자인데다 수천 킬로미터나 떨어진 미국에 살고 있다는 이유로 자신을 왕으로 지목한 원로들의 계략을 알면서도 페기린은 7천

여 명의 주민 모두를 가족처럼 믿으며 당당하게 오투암의 개혁을 이끌어 갑니다. 보잘것없는 것일지언정 자신이 가진 모든 것을 기꺼이 내놓기를 주저하지 않았습니다. 페기린 자신을 오투암의 여왕으로 선택한 건 원로들이 아니라 조상님들이라고 굳게 믿었기 때문입니다.

어머니의 헌신적인 사랑은 좌절과 절망 속에서도 기어이 개혁을 이끌어 갈 수 있는 힘의 원천이 되었습니다. 남동생 파파와 나나 퀘시, 콜렉턴 목사님 같은 이들의 적극적인 지지 또한 개혁을 향한 걸음걸음에 더없이 든든한 버팀목이 되어 주었습니다.

오투암의 개혁이 가나뿐 아니라 아프리카의 모든 가난한 이들에게 희망의 꽃씨가 되어 줄 거라는 확고한 신념으로 페기린은 개혁을 향한 걸음을 결코 멈추지 않을 것입니다. 페기린이 꿈꾸는 오투암의 미래가 더더욱 빛을 발하는 이유이기도 합니다.

이 책을 읽는 여러분 모두는 자신이 세상에서 가장 소중한 사람이라는 것을 믿으며 자신만의 희망의 꽃씨를 틔우길 바랍니다.

2014년 여우섬에서 김영주

차례

등장인물

페기린 바텔스
가나 오투암 마을의 여왕으로 개혁을 이끌어 가며 가난한 이들의 꿈과 희망이
되어 줍니다.

메리 보르모아
페기린의 어머니. 페기린이 강인하고 정직하며 성실하게 성장할 수 있도록 돌보
았습니다.

피터 안코마
페기린의 남동생으로 파파 워리어라는 부족명으로 불렸습니다. 어릴 적부터 페
기린을 믿고 의지하며 자랐습니다.

치아미
신이나 조상들의 제례를 주관하던 우두머리입니다. 세금을 내지 않았고, 마을을
개선하려는 노력도 거의 하지 않았습니다.

주먹코 삼촌
페기린을 새 왕으로 추대했지만 치아미와 마찬가지로 부정부패를 일삼았습니다.

팅커벨 이모
왕실 가문의 여자 중 가장 나이가 많은 어른입니다. 페기린에게 왕실 예절을 가
르쳐 주었고, 늘 곁에서 힘이 되어 주었습니다.

나나 퀘시
위네바에 거주하는 가문의 최연장자이며 건축 도급업자입니다. 페기린의 제안으
로 오투암의 원로가 되었고, 왕의 대리인 자리까지 오르게 되었습니다.

암마 여왕 납시오!

"나는 아주 특별한 사람입니다.
스스로 옳다고 믿는 일은 당당하게 지켜 갈 것이며
강하고 굳세면서도 겸손한 마음을 잃지 않을 것입니다."

페기린 바텔스는 1953년, 대서양의 기니만 연안에 있는 가나공화국의 케이프 코스트에서 태어났다. 아버지 조지프 안코마 포스터와 어머니 메리 보르모아 사이에서였다. 집에서 부르는 이름(부족명)은 토요일에 태어난 사람이라는 뜻의 '암마'였다.

페기린의 가족은 페기린이 여섯 살 되던 해인 1959년, 가나에서 두 번째로 큰 도시인 쿠마시로 이사했다.

우림 지역에 속해 있는 쿠마시는 부숨트웨 강이 도심을 가로질러 흘렀고, 도시 주변에는 열대식물들이 울창한 숲을 이루고 있었다.

에비라드제 왕족 태생인 어머니 메리 보르모아는 곧게 뻗은 눈썹과 콧날을 가졌으며 입가에는 늘 따스하고 부드러운 미소를 머금고 있었다. 어머니는 쿠마시로 이사하고 몇 년 후 철도 엔지니어로 일하던 남편이 가족들을 버리고 떠나 버리자 남편을 대신해 가족들의 생계를 책임졌으며, 페기린이 강인하고도 정직하며 성실하게 성장하는 데 더없이 탄탄한 버팀목이 되어 주었다.

두 살 터울의 남동생 피터 안코마는 파파 워리어라는 부족명으로 불렸다. 몸집이 유난히 작은 데다 깡말랐지만, 목소리는 컸고 힘이 넘쳐 났다. 파파는 성가실 정도로 페기린을 따라다녔다. 부모님이 헤어진 후에는 누구보다도 페기린을 믿고 의지했다. 오죽하면 다른 형제들조차 혀를 내두르기 일쑤였다.

파파는 열여덟 살이 되던 해 가나를 떠나 7대양을 누비는 선원으로 일하다가 호주에 아예 정착해 살았다. 파파는 페기린이 가장 필요로 할 때 곁을 지켜 준 고맙고 소중한 동생이었다.

"오투암의 바다색 같아!"

수업을 마치고 집으로 향하던 페기린은 슬그머니 하늘을 올려다보았다. 어젯밤 내내 폭우가 쏟아졌다는 게 믿기지 않을 정도였다. 하늘은 코발트 빛으로 반짝거렸다. 페기린이 막 한 발을 내딛으려 할 때였다.

"어어? 조심해 누나!"

남동생 파파가 소리쳤다.

어젯밤 폭우로 길은 온통 흙탕물로 질퍽거렸고, 군데군데 물구덩이가 깊게 패어 있었다.

"깜짝 놀랐잖아!"

페기린은 바로 앞의 물구덩이를 까치발로 폴짝 뛰어넘었다. 흙탕물이 새로 산 연노랑 샌들로 튀어 올랐다.

"저기 큰길로 가자니까, 누난 왜 맨날 이쪽 길로만 가재?"

파파는 큰길을 놔두고 등하교 때마다 굳이 뒷길을 고집하는 페기린을 이해할 수 없었다.

"누가 너더러 쫄쫄 따라다니래? 지금이라도 너 혼자 그

길로 가든지?"

페기린은 흙이 잔뜩 묻은 제 신발을 탁탁 털어 내는 파파를 본 척도 않은 채 왕궁 쪽으로 뛰어갔다. 담장 너머로 솟구친 벽돌 건물이 으리으리했다. 등·하굣길마다 매일 보는 건물인데도 볼 때마다 신기하고 놀라웠다.

"와, 멋지다!"

페기린은 담장에 바짝 붙어서며 담 너머로 고개를 내밀었다. 등에 멘 책가방과 교복 치마가 거치적거리는 것도 아랑곳하지 않았다. 널찍하게 펼쳐진 정원이 텅 비어 있었다.

"어? 사람들이 하나도 안 보이네? 파티도 안 하고?"

왕궁 주인인 아샨티 왕은 세계 최대의 금광을 소유하고 있는 갑부라 했다. 그래서인지 거의 매일 파티가 열렸고, 정원은 늘 사람들로 북적거렸다.

"그럼…… 나의 왕궁을 지어 볼까?"

페기린은 자신을 받치고 선 담장에게 소곤거렸다.

아프리카의 다른 사람들처럼 페기린은 동물이나 식물들은 물론이고 사람들이 만든 모든 물건들에게도 영혼이 깃들어 있다고 믿었으며, 사물들과도 곧잘 말을 주고받곤 했다.

"당연하지!"

담장도 좋다며 고개를 끄덕거렸다.

"아이, 좋아라!"

텅 빈 정원 저편의 왕궁 건물을 뚫어져라 바라보는 페기린의 입가에 미소가 피어올랐다.

둥, 두웅, 둥, 두웅…….

얼마의 시간이 흘렀을까. 담장 안 어디선가 왕실의 북인 '폰톰프롬' 소리가 점점이 울려 퍼졌다. 가슴까지 오는 큰 나무통에다 소가죽을 씌운 북답게 소리는 웅장하고 근엄했다.

"암마 여왕 납시오!"

제사장인 '치아미'*의 외침도 들렸다.

페기린은 아주 천천히 허리를 곧추세우며 정원 저편으로 솟구쳐 있는 왕궁을 건너다보았다. 짙은 코발트색 벽에 흰색

★ 신이나 조상들과 교감할 수 있다고 믿어 제례를 주관하던 우두머리입니다.

칠을 한 지붕과 기둥이 페기린의 눈길을 확 잡아끌었다.

'오투암의 바다를 그대로 옮겨 놓은 것 같네.'

페기린은 흰색 난간으로 장식된 발코니에서 한참 동안 눈을 떼지 못했다.

"어서 안으로 드시지요."

페기린이 기대선 담장이 넙죽 바닥으로 몸을 낮췄다. 때를 맞춰 북소리도 더더욱 빨라졌다. 어느덧 전통 의상인 '켄테'를 차려입은 페기린은 한 걸음, 한 걸음 정원을 가로질러 걸었다. 머리에는 금으로 만든 왕관을 쓰고 있었고, 전통 목걸이와 팔찌도 차고 있었다. 가죽으로 된 왕실 샌들은 색색의 꽃 모양이 화려하게 장식되어 있었다.

페기린은 켄테 자락을 슬쩍 받쳐 들며 북소리를 따라 왕궁 안으로 들어섰다. 안쪽 깊숙한 곳에 있는 높다란 단 위로 왕의 전용 의자가 보였다. 염소 가죽 시트에 흰색 페인트칠을 한 다리에는 호랑이 모습이 조각되어 있었다.

"저희에게 복을 내려 주소서!"

페기린이 자리에 앉기를 기다려 제사장인 치아미가 큰 소리로 외쳤다. 조상에게 간청하는 외침이었다.

"복이여, 오소서!"

그러자 그곳에 모인 사람들 모두 일제히 허리를 조아리며 목청 높여 외쳤다.

"자, 오늘 내가 해결해야 할 문제가 무엇인지 말씀들 해 보세요."

페기린은 자상한 눈길로 궁 안에 모인 사람들을 찬찬히 바라보았다. 목소리가 힘차고 당당했다.

"어, 어어!"

그때였다. 누군가 페기린의 몸을 거칠게 밀치며 뛰어갔다. 그 바람에 페기린은 그대로 물구덩이에 넘어지고 말았다.

"말도 안 돼!"

오투암의 바다색을 닮은 왕궁도, 왕의 전용 의자도, 북소리도 한순간에 사라져 버리고 교복과 팔다리, 연노랑 샌들은 온통 흙탕물 범벅이 되어 있었다.

"누구야!"

페기린은 통증을 애써 삼키며 재빨리 주위를 둘러보았다. 페기린의 고함에 놀랐는지 같은 교복을 입은 남학생이 엉거주춤 서 있는 게 보였다. 덩치는 페기린 자신의 두 배는 되어 보였고, 어디서 주웠는지 한 손에는 깡통을 들고 있었다.

"그러게 누가 담장에 매달려 있으래?"

흙탕물을 뒤집어쓴 페기린을 위아래로 훑어보던 남학생이 들고 있던 깡통을 휘휘 돌리며 고소하다는 듯 혀를 날름거렸다. 그리고는 얼른 몸을 돌려 다시 달려들었다.

'내 왕궁을 함부로 부숴 버린 주제에?'

페기린은 자신을 물구덩이에 넘어뜨린 것보다도 상상 속 왕궁을 한순간에 부숴 버린 남학생의 행동을 도저히 용서할 수 없었다.

"거기 안 서?"

페기린은 소리를 버럭 지르며 재빨리 봄을 일으켜 세웠다.

"저 형, 누나보다 높은 학년이야. 힘도 무지하게 세고. 지난번에 어떤 형은 턱이 깨질 정도로 맞았던 거 몰라?"

저만치 담장에 기대어 서 있던 남동생 파파가 황급히 다가와 남학생을 붙잡으려 허둥대는 페기린의 팔을 잡아당겼다. 파파의 얼굴은 하얗게 질려 있었다.

"내 알 바 아니거든?"

페기린은 파파의 팔을 뿌리치고는 한걸음에 달려가 남학

생이 메고 있던 책가방을 우악스레 밀쳐 버렸다.

"뭐, 뭐야?"

엉겁결에 등을 떠밀린 남학생은 몸을 가누지 못한 채 물구덩이 속으로 꼬꾸라졌다. 손에서 놓친 깡통이 진흙 속에 처박혔다.

"얼른 도망치자!"

파파가 놀라 재빨리 페기린의 등 뒤로 바짝 붙어 섰다. 그런데도 페기린은 책가방을 고쳐 메며 남학생이 바동거리는 걸 지켜볼 뿐이었다.

"계집애 따위가 누구한테 대들고 난리야?"

간신히 몸을 가누게 된 남학생이 진흙투성이가 된 제 몸을 요리조리 살피며 분을 삭이지 못하고 씩씩거렸다.

"내 왕궁을 함부로 부숴 버린 벌이다, 왜?"

"뭐? 왕궁?"

"그래, 내 왕궁!"

페기린은 무슨 소린지 몰라 어리둥절해하는 남학생을 사납게 노려보았다.

"저기…… 잠, 잠깐만!"

뒤쪽에서 다급한 외침과 함께 바퀴 굴리는 소리가 들렸다. 파파가 영문도 모른 채 재빨리 몸을 담장 쪽으로 붙이며 길을 터 주었다.

"내 돈통 제발 돌려 줘."

바퀴 달린 널빤지에 납작 엎드린 남자아이가 플라스틱 슬리퍼를 낀 손으로 진흙 바닥을 밀며 다가왔다. 거리 곳곳을 다니며 물건을 파는 장애인이었다. 흙탕길을 허둥지둥 밀며 쫓아온 참이라 그런지 숨이 턱까지 차올라 있었고 널빤지도, 허리춤에 찬 물건 바구니도, 끈으로 널빤지에 고정한 다리도, 온통 진흙을 뒤집어쓴 채였다.

"부탁이야, 제발!"

가쁜 숨을 몰아쉴 새도 없이 남자아이가 제 또래의 남학생 쪽으로 주춤주춤 한쪽 팔을 뻗쳤다. 손에 낀 플라스틱 슬리퍼가 형편없이 너덜거렸다.

'살기 위해 안간힘을 쓰는 장애인의 돈통을 빼앗다니!'

페기린은 자신도 모르게 진흙 속에 처박힌 깡통으로 눈길이 갔다. 꾀죄죄한 남자아이의 한 가닥 희망이 진흙 속에 처박혀 있는 것만 같아 마음이 몹시 아팠다.

페기린의 기세에 눌려 이러지도 저러지도 못 하고 있던 남학생이 이때다 싶었는지 허둥지둥 몸을 일으켜 세웠다.

"땡전 한 푼도 없는 저게 돈통은 무슨?"

그러더니 깡통을 아예 짓뭉개 버릴 기세로 한 발을 번쩍 치켜들었다.

'내가 도울 수 있는 일이 뭐가 있을까?'

아주 짧은 순간, 언젠가 집에 놀러 왔던 사촌 오빠와의 일이 페기린의 뇌리를 스쳤다.

페기린이 한참 독서 삼매경에 빠져 있을 때였다.

"여자가 책은 읽어 뭐하게? 그럴 시간 있으면 부엌일이라도 돕지?"

사촌 오빠는 페기린이 읽고 있던 책을 재빨리 낚아챘다.

"내 책 얼른 내놔!"

엉겁결에 책을 빼앗긴 페기린은 사촌 오빠의 팔목을 물고 놓아주지 않았다. 오빠가 제발 놓아 달라며 발버둥쳤지만 소용없었다. 결국 오빠는 책을 페기린에게 돌려줄 수밖에 없었고, 생채기가 난 팔목을 부여잡으며 울음보를 터트렸다.

"암마야, 너는 아주 특별한 사람이란다. 그러니 너 스스로 옳다고 믿는 일이 있거든 굳세고 힘찬 의지로 당당하게 지켜 내야 한단다. 겸손한 마음도 절대 잃지 말아야 하고."

사촌 오빠와의 일을 전해 들은 어머니는 페기린의 머리를 다정히 쓰다듬어 주었다.

'그래! 나 스스로 옳다고 믿는 일은 당당하게 지켜 낼 테다!'

페기린은 자신이 아주 특별한 사람이라고 믿었다. 그리하여 자신이 옳다고 믿는 일은 당당하게 지켜 갈 것이라고, 강하고 굳세면서도 겸손한 마음 또한 절대 잃지 않을 거라고 다짐했다.

"안 돼!"

남자아이의 비명과 동시에 페기린은 있는 힘을 다해 남학생을 담장 쪽으로 밀쳐 버렸다.

"어? 어?"

담장에 어깨를 부딪친 남학생이 허우적거리며 물구덩이 속으로 다시 엎어졌다.

"이번 것은 남의 물건을 함부로 뺏은 벌이야! 그러니까 얼른 주인한테 돈통 돌려줘! 안 그랬다간 몸도 불편한 아이의 돈통이나 빼앗아 도망쳤다고, 고작 계집애 따위한테 떠밀려 두 번씩이나 물구덩이에 처박혔다고 여기저기다 소문낼 테니까."

페기린은 진흙탕에 처박힌 남학생에게 바짝 다가가 엄포를 놓았다.

"아, 알았어."

남학생이 기다시피 하며 깡통으로 팔을 뻗으려 할 때였다. 상황을 눈치챈 남자아이가 재빨리 진흙 바닥을 밀며 다가가 깡통을 집어 들었다.

"고마워."

깡통을 허리춤에 감추며 부랴부랴 자리를 뜨는 남자아이의 얼굴에 환한 미소가 가득했다.

"누나가 최고다!"

파파는 자신이 페기린의 동생이라는 것이 너무나 자랑스러웠다.

영국 유학 시절

> "오투암 마을의 들과 숲 그리고
> 해변에는 77명의 신이 살고 있습니다.
> 마을 사람들의 생활을 살펴주는 신들은
> 착한 사람들에게는 복을 주지만
> 나쁜 일을 하는 이에게는 벌을 내리기도 합니다."

페기린이 고등학교를 졸업하고 폴리테크닉 대학을 거쳐 영국 런던의 사우스게이트 테크니컬 대학에 유학을 갔을 때였다.

방학을 이용해 집에 온 페기린은 어머니와 함께 오투암으로 향했다. 마침 페기린도 집에 왔다니 둘이 함께 오투암에 한번 다녀가라는 이모들의 성화를 모른 척할 수 없었기 때문이었다. 오투암까지 운행되는 교통편이 없다 보니 오가는 길 모두 택시를 따로 불러야 했지만, 오랜만에 어머니와 나서는 걸음은 흥겹기만 했다.

"정말 오랜만에 가 보는 거네?"

페기린이 중학교에 다닐 즈음이었다.

철도 엔지니어로 일하던 아버지가 가족들을 모두 버리고 떠나 다른 여자와 새살림을 차렸다. 가나에서는 흔하디흔한 일이라지만 돈 한 푼 남기지 않고 떠난 아버지를 대신해 어머니는 가족들의 생계를 책임져야 했다.

어머니는 가지고 있던 패물을 모두 팔아 시장 한쪽에 천을 파는 조그마한 가게를 얻었고, 잠잘 시간도 잊은 채 열심히 가계를 꾸려나갔다. 페기린은 학교 공부를 하는 짬짬이 어머니를 도왔다. 이후 페기린은 대학을 마치자마자 곧장 유학을 떠났다. 그 때문에 오투암에 다녀올 기회라곤 없었다.

"어릴 적엔 참 자주 다녔었는데."

"그런 때가 있었지."

페기린과 택시 뒷자리에 나란히 앉은 어머니는 쓸쓸한 표정을 감추려는 듯 창밖으로 시선을 돌렸다. 페기린은 슬며시 어머니의 손을 잡았다. 거북이 등처럼 거친 손등에 그동안의 고된 일상이 고스란히 담겨 있었다.

'나의 미래를 위해서 영국으로 유학까지 보내 주신 엄마…… 늘 미안하고 고마운 엄마.'

북받치는 감정을 애써 억누르며 페기린도 창밖 풍경으로 시선을 주었다. 연초록 들판도, 들판 너머로 숲을 이루고 있는 열대 나무들도 변함이 없었다.

  페기린이 태어난 케이프 코스트를 거쳐, 해안을 따라 이어진 도로를 한참을 달리고서야 택시가 오투암으로 통하는 샛길로 접어들었다.
  '길이 장난이 아닐 텐데?'
  페기린은 습관처럼 앞 유리 너머로 보이는 비포장도로를 살폈다. 여전히 움푹 팬 구덩이투성이였고, 돌멩이와 흙더미로 울퉁불퉁한 노면도 오래전 그대로인 게 도로 보수라곤 단 한 차례도 한 적이 없는 게 분명했다.
  "기사 아저씨, 운전대 꽉 잡으세요."
  "원 세상에, 아무래도 그래야 할 것 같습니다."
  길 초입부터 움푹 팬 구덩이가 나오자 택시 기사가 고개를 절레절레 내저었다.

"암마야, 너도 꼭 잡으렴."

어머니가 재빨리 페기린의 무릎을 감싸 안았다.

"엄마도 조심하세요."

페기린은 살짝 겁에 질려 어머니의 등을 감싸고 납작 엎드렸다.

"에쿠!"

그런데도 움푹 팬 구덩이를 그대로 지나다 보면 몸이 튕겨 오르며 택시 지붕에 머리를 짓찧기 일쑤였다. 구덩이를 피하려 방향을 틀면 울퉁불퉁한 노면 탓에 어깨가 뒤틀리고 허리는 삐걱거렸다.

"에고고…… 아파라!"

가면 갈수록 움푹 팬 구덩이가 심하게 늘어나 있었고, 울퉁불퉁한 노면도 정도가 심해졌다. 누런 흙먼지로 앞을 분간하기도 어려울 정도였다.

'도로포장은 고사하고, 대체 언제나 정비의 손길이 닿으려나?'

폐기린은 오투암으로 통하는 유일한 도로가 이렇듯 방치되어 있다는 게 화가 날 지경이었다.

엉망진창인 비포장도로 끝에 있는 작은 마을을 지나 또다시 울퉁불퉁한 비포장도로를 달리고서야 마침내 오투암으로 접어들었다.

오투암은 판테족의 부족 마을로 7천여 명의 주민이 살고 있었다. 주민 대부분은 공용어인 영어보다는 부족어인 '판테어'를 사용했다.

"오투암이다!"

아직껏 온몸이 얼얼하고 속은 울렁거렸지만, 페기린은 저만치 언덕 쪽에서 해안가까지 비스듬한 경사를 이루고 있는 마을 정경이 반갑기만 했다.

오투암 마을의 유일한 포장도로인 '메인 스트리트'로 들어섰다.

'여긴 좀 달라졌을까?'

혹시나, 하는 기대를 품으며 페기린은 도로변을 차지한 상점들을 하나하나 짚어 나갔다. 콘크리트 벽돌집도, 시커멓게 변한 지붕들도, 집 앞에 설치한 가판대들도, 작고 허술한 그대로였다. 집 주소도 따로 없었다.

'여기도 여전하네.'

파란색에 흰색 페인트칠이 된 경찰서 건물도 마찬가지였다. 도로 끝에 우뚝 솟은 주황색의 교회 종탑 역시 아주 오래전에 영국의 선교사들이 지은 그대로인 채 먼지만 더욱더 두터워진 것 같았다.

'하나같이 정지된 거 같아.'

페기린은 실망감을 감추지 못한 채 해안가에 있는 마을 쪽으로 시선을 주었다. 이엉으로 지붕을 엮은 흙집 역시 달라진 거라곤 없었다.

'어쩜 이렇게 변하지 않을 수가 있지?'

런던의 휘황찬란한 건물은 아니더라도 쿠마시나 케이프코스트의 풍경과는 하늘과 땅 차이인 마을 모습에 페기린은 자신도 모르게 한숨을 푹 내쉬었다.

"암마, 실망이 큰가 보구나?"

어머니가 은근한 미소를 지으며 페기린의 표정을 살폈다.

"아무리 차들이 들어오지 않는 외진 곳이라지만 경찰차 한 대가 없고, 도로 어디에도 차 한 대가 보이지 않는다는 게 말이 돼?"

울퉁불퉁한 비포장 길에 너무 시달린 탓인지. 페기린은 볼멘소리로 대답을 대신하며 텅 빈 도로를 휘휘 둘러보았다.

"마을 사람들이라고 그걸 모를까?"

어머니가 페기린의 손등을 토닥여 주었다.

"그래도 모두 77명의 신이 마을을 지켜 준다고 믿으며 열심히 사는걸."

오투암까지 운행되는 교통편이라곤 없었다. 그러다 보니 주민이 물건을 사고팔 일이 있을 때면 인근 마을까지 택시를 타고 나가야 했다.

그뿐이 아니었다. 얼마 전인가, 영국 식민 시절에 설치됐던 수도 시설이 고장 나고 말았다. 하지만 지방 정부는 예산 부족을 이유로 마을 외곽에 지하수 양수 시설* 두 곳을 설치한 게 전부였다. 그 때문에 주민은 매일 아침마다 수 킬로미터나 떨어진 양수 시설까지 물 양동이를 이고 오가야 했고, 펌프 수리비 명목으로 돈을 내고서야 물을 살 수 있었다.

★ 땅을 파고 펌프를 이용해 지하수를 끌어올리는 장치입니다.

그런데도 주민은 마을의 들과 숲과 해변에 77명의 신이 살고 있다고 굳게 믿으며 철마다 파인애플과 파파야, 고구마 등의 작물들을 경작했고, 청어, 연어, 고등어 같은 고기를 잡으러 카누를 타고 먼 바다로 나갔다.

어부의 아내들은 남편이 잡아 온 생선을 손질해 중심가에 나가 팔았고, 농부의 아내들도 길가에 앉아 수확한 과일들을 팔았다.

닭 모이를 주고, 염소 젖을 짜고, 길어 온 물로 가족들이 입을 옷을 빨래하고…… 절대 넉넉하진 않았지만 하루하루를 감사하는 마음으로 살아가고 있었다.

"하긴……."

가나공화국은 아칸족과 몰–다그바니족, 에웨족을 비롯해 많은 소수 종족으로 구성되어 있었다. 남부 지역의 판테족은 소수 종족 중에서 가장 평화로운 종족이었으며 친절했고 온순했다.

어머니 역시 판테 태생으로, 대대로 이곳 왕위를 이어온 에비라드제 왕족 출신이었다. 그러다 보니 삼촌과 사촌, 이모들 대부분이 사는 이곳에 들를 때면 마치 집에 온 듯 편안해 보였다.

"오는 길에 하도 시달려 신경이 곤두서 있었나 봐요. 괜한 투정 부려서 죄송해요."

페기린은 멋쩍게 웃었다.

"저 녀석들이 있으니 도로도 심심치는 않을 거야."

어머니가 손가락을 세워 교회 쪽을 가리켰다. 텅 빈 도로 위로 닭과 염소 무리가 이리로 저리로 뛰어다니는 게 눈에 띄었다. 빨간색, 파란색, 노란색, 초록색, 하얀색…… 주민이 자신의 소유라는 표식으로 색색의 페인트칠을 해 놓은 닭들의 움직임이 화려한 의상을 차려입은 무용수들이 군무를 추

는 듯 경쾌했다.

"암마, 네가 제일 좋아하는 음식이잖아?"

이모들은 옥수수 가루를 끓여 주먹만 하게 뭉쳐 만든 '켄케'까지 준비해 놓고서 어머니와 페기린을 맞이했다. 덕분에 차멀미로 울렁거리던 속을 가라앉힐 수 있었다.

"잠깐 왕궁 구경 좀 하고 올게요."

이모들과 어머니가 그동안 쌓였던 이야기보따리를 풀어내는 동안 페기린은 혼자 왕궁 구경에 나섰다.

페기린의 가족들이 케이프 코스트에서 쿠마시로 이사하고 얼마 후에 지어진 왕궁은 중심가 반대쪽의 먼 들판에 있었다. '나나 아무아 아펜이 4세'로 불리는 록손 삼촌이 지은 건물로 흰색 페인트칠이 된 2층짜리 건물이었다. 왕궁의 앞뜰에는 친척들이 사는 부속 건물 두 채가 있었고, 함석지붕에 콘크리트 벽돌집 수십 동이 딸린 작은 농원들도 자리하고 있었다.

"코! 코! 코!"

페기린은 왕궁 문으로 다가가 다소곳이 외쳤다. 방문객이 왔다고 공손하게 알리는 아프리카식 인사법이었다.

'내 기억엔 나름 멋진 왕궁이었는데…….'

하지만 왕궁 안을 둘러보던 페기린은 실망감을 감출 수가 없었다.

지은 지 20년도 안 된 왕궁 벽은 터지고 갈라진 곳 투성이었고, 천장의 회반죽은 아주 작은 소리에도 후두두 떨어져 버릴 것만 같았다. 지난번 폭우 때 그랬는지 제법 큰 구멍도 뚫려 있었고, 아래쪽 바닥에는 물받이용 양동이가 놓여 있었다.

'면도기 삼촌이 왕궁 관리에 신경을 많이 쓰신다더니?'

페기린은 지금의 왕이면서 이 왕궁을 지은 록손 삼촌을 '면도기 삼촌'이라고 불렀다. 런던에서 교육을 받은 지식인이면서 가나에 최초로 면도기 공장을 세웠을 만큼 부유한 삼촌이기 때문이었다.

'순둥이 삼촌이나 주먹코 삼촌이라도 신경을 써 주면 좀 좋아? 사촌들도 한둘이 아닐 테고.'

워낙 친척들이 많은 데다 친밀감의 표현으로 페기린은 삼촌이나 이모, 사촌들을 이름보다는 별칭을 지어 부르기를 즐

겼다.

'순둥이 삼촌'은 어머니의 남동생인 조지프 삼촌의 별칭이었다. 수도 아크라의 교도소 소장으로 있으면서 늘 미소 가득한 얼굴에 큰소리라곤 낼 줄을 몰라 붙여진 별칭이었다. 군인 경찰이면서 왕실의 원로로 있는 또 다른 친척은 코가 하도 커서 '주먹코 삼촌'이라는 별칭으로 불렀다.

'의자 보관실까지 무슨 일이 있는 건 아닐 테지?' 페기린은 왕실 의자인 '아헨구아'가 보관된 의자 보관실로 조심조심 걸음을 옮겼다. 다행히도 의자 보관실이 있는 계단 쪽은 별 이상이 없어 보였다.

"아헨구아 님! 암마가 오랜만에 인사드립니다."

나무로 만든 아헨구아는 왕의 영혼뿐 아니라 선왕과 조상 그리고 아직 태어나지 않은 후손들의 영혼까지 깃들어 있는, 절대로 땅에 내려놓으면 안 되는 성스러운 의자였다.

왕도 절대 앉을 수 없었다. 단 왕의 즉위식* 때만 치아미가 왕을 들어 아헨구아 위에 세 번을 내렸다 올리며 앉는 시

★ 왕의 자리에 오르는 것을 조상과 주민들에게 알리기 위해 행하는 의식입니다.

늉을 하는 게 전부였다.

공식 행사 자리에서도 왕은 의자 보관실에 보관된 아헨구
아를 대신해 별도로 마련한 행사용 의자를 사용하고 있었다.

"아헨구아에 깃든 영혼은 모든 부족 사람의 일거수일투족
을 살피고 계신단다. 언행이 바르지 못한 사람에게는 벌을 내
리거나 호통을 치기도 하시는걸."

페기린은 어머니에게 들었던 얘기를 떠올리며 더더욱 조
심조심 왕궁을 빠져나왔다.

새벽 4시, 워싱턴으로 걸려 온 전화

"나는 좋은 왕이 될 것입니다.
대단히 강하고 굳세며 집중력이 뛰어나기 때문입니다.
옳지 못한 일은 절대 모른 척 넘어가지 않을 것이며
주위를 아름답게 가꾸어 가며 효율적으로 운영할 것입니다."

2008년 8월의 어느 날이었다.

페기린은 이제 막 타이핑을 마친 서류를 정리하며 벽에 걸린 시계를 보았다. 퇴근 시간이 훨씬 지나 있었다.

"아, 피곤해!"

3주 후에 가나의 존 쿠푸오르 대통령이 부시 대통령과의 만남을 위해 워싱턴에 방문할 예정이었다. 그러다 보니 대사와 함께 방미 행사 스케줄을 준비하랴, 관련 서류들을 타이핑하랴, 하루가 어찌 지나는지도 모를 지경이었다. 게다가 내일은 오전 중으로 예정된 대사의 스케줄에 맞추기 위해 늦어도

7시 30분까지는 출근을 해야 했다.

'빨리 집에 가서 눈 좀 붙여야겠다.'

쫓기듯 사무실을 나선 페기린은 주차장으로 통하는 엘리베이터에 몸을 실었다. 그러고는 엘리베이터 거울에 비친 자신의 모습을 가만히 들여다보았다. 눈가 가득 피곤한 티가 역력한 때문일까. 짧은 곱슬머리에 얼굴 살이 제법 불어난 쉰다섯의 자신이 문득 낯설고 어색했다.

'가나를 떠나온 지 어느덧 30년이 되었구나.'

런던에 머물던 1979년이었다. 페기린은 미국에서 좀 더 공부한 다음에 가나로 돌아가야겠다는 결심을 했고, 아버지의 동창인 워싱턴 주재* 가나 대사**의 주선으로 미국으로 건너왔다.

페기린은 워싱턴에 있는 주미 가나 대사관의 안내원을 시작으로 영사관 직원과 대사관 행정직 등을 거쳐 이곳 대사 비서실에서 근무한 지 벌써 2년째였다.

★ 직무상으로 파견되어 한곳에 머물러 있는 것입니다.
★★ 나라를 대표하여 다른 나라에 파견되어 외교를 맡아보는 사람입니다.

페기린은 대사관에서 일하는 중에도 대학에 다녔고 컴퓨터 정보 시스템 학위까지 받았을 만큼 열심히 살았다. 가나 출신의 남편을 만나 결혼도 했지만, 아이를 낳지 못했고 남편이 가나의 고향 집으로 돌아가면서 12년간의 결혼 생활은 끝이 났다.

'가나에 돌아가 어머니와 오래오래 같이 살고 싶었는데…….'

1997년, 자신이 그토록 믿고 의지하던 어머니가 생을 마감하자 페기린은 가나로 돌아가겠다던 꿈을 기꺼이 접은 채 미국에서 살게 되었다.

그리움과 외로움을 잊기 위해서라도 페기린은 대사관 업무에 더더욱 집중했다. 하지만 대사관 직원의 월급이 그리 많지 않아 도무지 돈이 모이지 않았다. 결국, 주말마다 동네 요양원의 안내원까지 맡아 했으며 박람회나 바자회에 참석해 가나의 예술품과 공예품 등을 팔기도 했다. 그렇게 억척스레 돈을 모은 덕분에 1년 전, 마침내 자신의 이름으로 된 아파트 한 채를 마련할 수 있었다.

워싱턴에서 제법 떨어진 메릴랜드 실버스프링 외곽에 있는, 지은 지 40년도 넘은 값싼 아파트였지만 페기린은 그날의 감동을 결코 잊을 수 없었다. 아파트를 사면서 얻었던 은행 대출금을 갚으랴, 보수 유지비를 충당하랴, 오르기만 하는 관리비를 내랴, 버겁기 그지없는 날들의 연속이었지만 그러면 그럴수록 페기린은 자기 일에 더더욱 열심을 내었다.

"내가 너무 많이 늦어 심심했겠네?"

주차장에 도착한 페기린은 차에 몸을 실었다.

"내일은 다른 날보다 일찍 움직여야 할 테니 어서 가서 쉬자꾸나."

페기린은 운전대를 쓰다듬어 주고서야 차 시동을 걸었다. 쌓였던 피로가 한꺼번에 녹아내렸다.

새벽 4시가 조금 지났을까. 페기린은 전화벨 소리에 잠을 깼다.

'호주에 사는 파파가 시간을 잘못 알고 걸었을 리는 없는데……'

워낙에 늦은 시각인데다 몸이 너무 피곤했던 탓에 엊저녁

은 끼니도 거른 채 잠들었던 참이 아닌가. 페기린은 그칠 줄
모르고 울려 대는 전화벨 소리에 더럭 짜증이 일었다.

"여보세요!"

마지못해 수화기를 집어 든 페기린은 버럭 소리부터 질
렀다.

"여, 여보세요? 여기…… 오투암인데요."

판테어로 말하는 남자 목소리에 당황한 기색이 역력했다.

"삼촌사촌?"

페기린을 볼 때마다 자기를 사촌이 아니라 삼촌이라고 불
러야 한다고 억지를 쓰던 이모의 아들이었다. 삼촌사촌은 그
의 별칭이었다.

"네, 나나!"

'나나'는 왕족들에게 붙이는 호칭이기도 했지만 주로 왕을
높여 부를 때 쓰는 판테어였다.

"나나?"

"네, 나나!"

삼촌사촌이 큰소리로 외쳤다.

'지금껏 가나에서 여자가 왕으로 추대된 경우는 딱 두 번

뿐이잖아? 더군다나 에비라드제 왕족 출신의 여자가 왕이 된 경우는 전혀 없었고.'

매일 아침 인터넷을 통해 가나에 대한 다양한 정보를 접하고 있는 페기린이었다.

"그렇잖아도 졸려 죽겠는데 그런 장난치지 마요."

페기린은 여차하면 전화를 끊어 버릴 참이었다.

"오투암의 새 왕으로 추대된 것을 진심으로 축하드립니다!"

삼촌사촌의 목소리가 어찌나 우렁차던지, 페기린은 정신이 번쩍 들었다.

'혹시…… 순둥이 삼촌에게 무슨 일이라도 생긴 걸까?'

1983년, 면도기 삼촌이 느닷없이 사망하자 당시 67세이던 순둥이 삼촌이 그 뒤를 이어 왕위에 올랐다. 그는 '나나 아무아 아펜이 5세'라는 왕명으로 지금껏 오투암을 다스리고 있었다.

페기린은 어머니가 돌아가시기 전까지 다달이 어머니에게 보내 드리던 돈을 순둥이 삼촌에게 대신 송금했다. 매달 100달러에 불과했지만 1달러도 안 되는 돈으로 하루하루를 살아가는 오투암의 주민에게 꽤 큰 도움이 될 거라며 삼촌은 고마운 마음을 감추지 못했었다.

그런데 지난 석 달 동안 순둥이 삼촌은 웨스턴 유니온*을 통해 송금한 돈을 단 한 차례도 찾아가지 않았다. 전화를 걸어도 통화가 되지 않았다. 순둥이 삼촌에게 보낸 편지도 벌써 세 번이나 반송되어 왔다. 지금 삼촌의 나이는 아흔이 넘어 있었다.

"그게 무슨 말이에요? 차근차근 다시 설명해 보세요."

"나나 아무아 아펜이 5세께서는 오랫동안 마을에 머무실 것 같습니다."

"삼, 삼촌이요?"

오투암에서는 왕의 죽음을 직접 입에 담는 것을 무척이나 꺼렸다. 그래서 왕이 입원했거나 위독할 때면 '왕이 치료차 마을로 가셨다'고 표현했고. 아무래도 고비를 넘기기 어려울 것 같으면 '왕이 치료차 아직도 마을에 계시다'고 했다. '왕이 오랫동안 마을에 머무실 것 같다'거나 '왕이 당장은 마을에서

★ 미국에 본사를 둔 금융통신회사로 전 세계 200여 나라에서 개인 송금을 대행해 주고 있습니다.

돌아오시지 못하게 되었다'는 건 왕이 사망했다는 뜻이었다.

'엄마가 참 많이도 좋아했던 삼촌마저 저세상으로 가셨다니…….'

또다시 어머니를 잃은 것처럼 페기린의 가슴이 아득해져 왔다.

"왕께서는 지금 아크라에 모셔져 있습니다. 새로운 왕께서, 나나께서 왕위를 수락하시면 그때 비로소 장례식 절차를 의논해 나갈 예정이고요."

한참이 지나도록 페기린이 조용하자, 삼촌사촌은 페기린이 새 왕으로 선출된 과정을 세세히 설명해 주기 시작했다.

왕이 사망하자 원로들은 새 왕을 뽑는 절차를 밟기 시작했다. 먼저 친척들의 명단을 살펴 예순이 안 된 건강한 25명의 친척을 후보로 뽑았으며 페기린이 유일한 여자였다. 원로들은 조상의 성전에 후보들의 명단을 올렸다. 제사장인 치아미가 후보들의 이름을 하나하나 부르며 독주를 바닥에 부었다. 만일 조상이 그 후보가 왕이 되는 것을 원치 않으면 독주가 땅으로 스며들었고, 독주에서 김이 피어오르면 조상이 그 후보가 왕이 되기를 원한다는 뜻이었다. 후보마다 독주가 땅으로 스며들었는데, 페기린의 이름을 부르는 순간 마침내 독주에서 김이 피어올랐다고 했다. 하필 여자인 페기린인가 싶어 확인 차 두 번을 더 반복해 보았지만 페기린의 이름을 부를 때마다 여지없이 독주에서 김이 피어올랐다는 것이었다.

"그렇듯 조상께서 나나를 새 왕으로 추대하려는 의지를 확실히 보여 주셨으니 수락해 주시길 청합니다."

"지금 당장이요?"

페기린은 하마터면 코웃음을 칠 뻔했다.

"빠르면 빠를수록 좋겠습니다. 지금 당장이면 더더욱 좋을 테고요."

삼촌사촌이 재촉해 댔다.

새벽 4시에 잠결인 듯 꿈결처럼 받은 전화였다. 어머니가 돌아가신 후로는 오투암에 가 본 적도 없었다. 순둥이 삼촌이 돌아가셨다는 것도 도무지 믿기지 않았다. 더군다나 독주로 새 왕을 뽑는 풍습을 들어본 적도 없었다. 그런데도 당장 왕위를 수락해 달라고 조르니……. 페기린은 빨리 이 상황에서 벗어나고 싶을 뿐이었다.

"생각 좀 해 보고 전화 드릴게요."

"조상께서 간절히 원하고 있다는 것을 절대 잊지 마십시오. 왕위를 수락하셔야 선왕의 장례식 절차를 의논해 나갈 수 있다는 것도 잊으시면 안 됩니다."

수화기를 내려놓는 순간까지도 삼촌사촌은 재촉을 멈추지 않았다.

'만일 내가 왕위를 수락한다면?'

순둥이 삼촌은 자식들과 인연을 끊고 산 지 오래였다. 그러니 삼촌의 영안실 비용과 엄청난 장례식 비용 모두 새 왕이 될 자신의 몫이 된다는 걸 어찌 모를까.

'장례식을 치르려면 그보다 먼저 낡을 대로 낡은 왕궁부터 보수해야 할 텐데? 그렇다고 장례식을 미냥 미루었다가는 삼촌의 영혼은 조상의 품에 안기지 못한 채 이승과 저승 사이를 기약 없이 떠돌아야 할 테고.'

어찌어찌 장례식을 치렀다 해도 낙후된 오투암을 책임지고 이끌어 가려면 막대한 비용이 필요하다는 것도 모르지 않았다.

'길은 엉망진창이고 수도 시설도 없어 매일 아침마다 수 킬로미터씩을 오가며 물을 사 와야 하고…….'

오투암이 처한 현실을 생각하면 페기린은 지레 한숨부터

나왔다.

'다시 잠들긴 어렵겠네.'

페기린은 결국 잠기운을 털어 내며 침실을 나섰다. 은행 대출금 고지서, 아파트 보수 유지비와 관리비 고지서…… 소파 위에 던져 놓은 고지서 뭉치가 여 보란 듯 눈에 들어왔다.

'하루하루 살아가기도 버겁기만 한 내가 과연 오투암의 왕이 될 수 있을까? 만일에 왕위를 허락한다 해도 생활 터전인 워싱턴을 떠날 순 없겠지? 대신에 대사관의 허락을 받아 1년에 한 번씩이라도 오투암에 다녀와야 할 텐데 그게 가능키는 할까?'

잠을 설친 탓인지 무엇 하나 결정할 여력조차 없었다.

'엄마! 제가 어찌 해야 하는지 제발 도와주세요.'

페기린은 어머니가 사무치게 그리울 따름이었다.

아파트 주차장으로 간 페기린은 차에 몸을 실었다.

"많이 피곤하지? 조만간 엔진 정비해 줄게."

워낙 오래된 차다 보니 고장도 잦고 수리비도 많이 들었지만 페기린은 이 차가 참 좋았다.

"오늘도 출퇴근길 잘 부탁해!"

페기린은 습관처럼 운전대를 쓰다듬고 나서 차 시동을 걸었다. 페기린의 마음을 읽기라도 한 듯 엔진 소리가 밝고 깨끗했다.

워싱턴의 중심부를 관통하는 록 크리크 파크웨이를 지날 때였다.

"거의 다 왔네?"

신호등 앞에 멈춰 선 페기린은 좌회전을 하기 위해 왼쪽 깜빡이를 켰다. 그때였다.

"나나, 당장 가! 네 것이잖아?"

조수석에서 강렬하고도 차분한 목소리가 들려왔다. 여자 목소리 같기도 하고 남자 목소리 같기도 한 묘한 음색이었다.

"누, 누구지?"

페기린은 화들짝 놀라며 주위를 두리번거렸다. 하지만 어디에도 사람의 모습이라곤 없었다.

'너무 피곤해서 헛것이 들렸나 보네?'

페기린은 얼른 핸들을 고쳐 잡으며 신호를 따라 좌측 길로 접어들었다.

저만치, 방글라데시 대사관과 이스라엘 대사관 사이로 진한 우윳빛의 가나 대사관이 눈에 들어왔다.

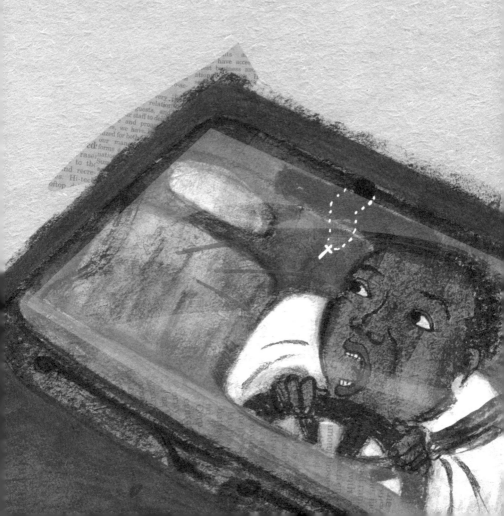

하루해가 저물 즈음이었다.

방문객들로 유난히 바쁜 하루를 보내고 난 페기린은 서둘러 아래층 사무실에 근무하는 엘리자베스 코랑텐을 만나러 갔다. 갈색 눈이 곱디고운 그녀가 페기린을 반갑게 맞아주었다.

"의논할 게 있어서 왔어요."

"무슨 얘긴지 궁금하네요?"

페기린을 유독 좋아하고 따르는 그녀였다.

"이른 새벽에 오투암에 사는 사촌에게서 전화가 왔는데 말이죠……."

아직껏 무엇도 결정하지 못한 페기린은 삼촌사촌에게 전해 들은 이야기를 차근차근 들려주었다.

"내가 어떻게 해야 좋을까요?"

이야기를 마친 페기린은 한숨을 푹 내쉬었다.

"중요한 건 신께서 페기를 왕으로 선택하신 거잖아요? 그러니 당연히 받아들이셔야지요."

엘리자베스가 흥분을 감추지 못했다.

"그렇긴 한데…… 이곳 대사관에서 제가 하는 일이라는 게 하나부터 열까지 윗사람들 지시에 따르는 것뿐이잖아요. 그런데 그런 제가 마을의 대표 자격으로 정부 관리들과의 관계를 제대로 이끌어 갈 수 있을지…… 투자자들을 물색하고 설득하는 일에도 앞장서야 할 텐데, 솔직히 자신이 없거든요. 주먹구구식으로 집행되던 재정 문제도 어찌 풀어가야 할지 잘 모르겠고요."

페기린은 자신이 걱정하고 있는 것들을 엘리자베스에게 털어놓았다.

"우리 대사관에서 페기린만큼 능력 있는 직원이 또 어디 있겠어요? 대인관계도 그렇고 수십 년 동안 여기서 익힌 지식이나 지혜야말로 더없이 큰 재산이 되어 줄 거예요. 특히 상사들에게 곧잘 일의 효율성을 높이는 방법이나 어려운 문제를 풀어나가는 방법 같은 걸 제안하곤 했잖아요. 그 정도 능력이라면 큰 어려움은 없을 것 같은데요? 재정 문제도 그래요. 오랫동안 부서 예산도 짜고 판공비도 집행해 왔잖아요. 그러니 그 경험으로 하나하나 체계화시켜 나가면 되지 않겠어요?"

엘리자베스는 페기린과 눈을 맞췄다. 맑고 투명한 갈색 눈동자에서 페기린에 대한 확고한 믿음이 묻어났다.

"낙후된 마을을 제대로 살피려면 비용도 보통이 아니겠지요? 책임감도 막중할 테고요."

"신께서 분명히 길을 보여 주실 테니 그런 걱정일랑 마세요!"

엘리자베스가 부드러운 미소를 지어 보였다.

"그 말을 들으니 힘이 나는 걸요. 기분도 한결 나아졌고요."

페기린은 대사관에서도 다루기 까다로운 직원으로 정평이 나 있었다. 원칙에 철저했으며, 원칙에서 벗어난 일은 억만금을 준대도 타협할 줄을 몰랐다. 자신을 무시하거나 함부로 대하려 드는 것도 참지 못했다. 그러다 보니 건방지다거나 냉정하다는 평을 받기 일쑤였지만 그런 자신의 성품이야말로 오투암을 이끌어 가는 데 큰 도움이 될지도 모르겠다는 생각이 들었다.

'어쨌거나, 왕이 되면 나는 여태껏 누려 왔던 많고 많은 자유를 잃게 될 거야. 앞으로는 남들 앞에서 하고 싶은 대로 행동할 수도 없을 테고.'

페기린 자신이 오투암의 왕이 된다면 오투암 뿐 아니라 이

곳 미국에서도 아헨구아에 깃든 영혼에 부끄럽지 않게 행동해
야 마땅했다. 다른 사람들 앞에서 식사하거나 술을 마시는 일
따윈 결코 해서는 안 될 것이며 농담을 하거나 언쟁을 벌이는
일도 자제해야만 했다. 누군가 옳지 못한 일을 한대도 지금까
지처럼 함부로 지적하고 나무랐다가는 당장에 신문 1면을 장
식하게 될지도 모를 일이었다.

"그 또한 신께서 길을 보여 주시지 않을까요?"

엘리자베스가 장난스럽게 고개를 갸웃거렸다.

"그러겠지요?"

페기린도 따라 고개를 갸웃거렸다.

퇴근 후, 집에 온 페기린은 남동생 파파에게 전화를 걸었다.

"왕위는 운명이잖아. 그러니 받아들여야겠지?"

오투암 소식을 전해 들은 파파는 한참만에야 입을 열었다.

"파파, 너도 잘 알다시피 마을 상황이 보통 심란한 게 아니
잖아? 왕궁도 마찬가지고. 무엇보다도 원로들 까다롭기가 보

통이 넘는 눈치거든."

"마을이나 왕궁은 하루 이틀 일도 아닌데 뭐. 원로들이야 나한테 하듯이 하면 될 거 같은데?"

"너한테 하듯이?"

페기린은 뜬금없이 무슨 소린가 싶었다.

"하루에도 몇 번씩 전화했던 거 기억 안 나? 어쩌다 통화가 안 되는 날엔 내 친구들한테까지 전화해서 나 좀 찾아보라고 얼마나 닦달을 했게. 그래 놓고는 잔소리에, 호통에, 그게 귀찮아서라도 내가 바른 생활을 하고 있잖아?"

열여덟 살에 가나를 떠났던 파파는 오랜 방황 끝에 호주 시드니에 정착했고 보안컨설팅 회사를 운영하면서 대학에도 다니고 있었다.

"그러니 원로들이 영 마땅찮다 싶으면 하루에도 몇 번씩 전화해서 확인하고 일일이 감시도 하고…… 그럼 아마 얼마 안 가서 만사형통일 거야."

파파가 잠깐 너털웃음을 웃었다.

"그러니까 누나, 그냥 받아들여. 누나라면 분명 멋지게 해 낼 거야!"

파파 목소리에 힘이 넘쳤다.

다음 날, 파파와 통화 후 거의 잠을 이루지 못한 페기린은
서둘러 출근길에 나섰다.

록 크리크 파크웨이의 신호등 앞에 멈춰 섰을 때였다.

"나나, 우리가 널 선택했도다!"

조수석에서 또다시 묘한 음색의 목소리가 들렸다.

잠시 주위를 둘러보던 페기린은 얼른 핸들을 고쳐 잡고는
신호를 따라 좌측 길로 접어들었다.

그날 밤도 페기린은 이리로 저리로 뒤척이며 잠을 이루지
못했고, 또다시 하루가 밝아오자 다크서클로 뒤덮인 얼굴인
채 차를 몰아 출근길에 나섰다.

저만치, 록 크리크 파크웨이의 신호등이 눈에 들어왔다.

'오늘 또 목소리가 들리는 건 아니겠지?'

페기린은 신경을 곤두세우며 신호등 앞에 멈춰 섰다.

"나나! 너의 운명이다. 세상 사람 누구나 왕이나 왕비가

되는 건 아니란다."

아니나 다를까.

묘한 음색의 목소리가 페기린에게 속삭였다.

'조상님 목소리가 분명하렷다!'

페기린은 무슨 대답을 해야 할지 모른 채 엉겁결에 좌측 길로 방향을 틀었다.

"이건 너의 운명이다! 세상 사람 누구나 왕이나 왕비가 되는 건 아니란다."

몇 초 후, 훨씬 더 강렬해진 목소리가 차 안 가득 울려 퍼졌다.

"알았어요. 그렇게 하겠다고요!"

페기린은 그 즉시 소리쳐 대답했다.

그리고는 어린 시절 쿠마시의 왕궁을 보며 꿈꾸었던 짙은 코발트색 왕궁을 떠올리며 핸들을 힘껏 잡았다.

그날 밤, 페기린은 삼촌사촌에게 왕위를 수락하겠다고 전했다.

'나나 아무아 아펜이 6세.'

오투암의 새 왕이 된 페기린의 왕명이었다.

"에보툼 아예!"★

페기린은 어머니의 나지막한 속삭임을 자장가 삼아 비로소 깊은 잠에 빠져들 수 있었다.

★ '넌 할 수 있다'는 뜻의 판테어입니다.

오투암의 여왕이 되다

"오투암의 주민 7천 명
모두가 나의 남편이고 아이입니다."

존 쿠푸오르 가나 대통령이 3주간의 방미 일정을 모두 마치고 귀국한 지 며칠이 지나서였다. 페기린은 열흘간의 특별 휴가를 얻어 가나로 향했다.

"엄마, 지켜봐 주세요!"

페기린은 즉위식 때 꼭 차야겠다는 생각으로 어머니가 유일하게 남긴 금팔찌를 챙겼다.

"페기린은 분명 좋은 왕이 될 겁니다. 대단히 강인하며 집중력이 뛰어나고 건방진 사람을 가만두지 못하잖아요? 옳은 일에 앞장설 줄 알고 사무실도 예쁘게 가꿀 줄 알지요. 그래서 나는 페기린이 오투암 마을을 알차고 멋지게 운영해 갈 거라 믿습니다."

페기린은 자신이 오투암의 왕이 되었다는 소식을 전하자 크게 기뻐하며 응원을 보내 주던 바우아에듀세이 대사의 모습을 몇 번이고 곱씹으며 힘차게 아크라 공항 청사를 나섰다.

"나나! 정말 잘 오셨습니다."

삼촌사촌이 잇몸이 훤히 드러나도록 웃으며 페기린을 반겨 주었다.

"가방이 꽤 무겁습니다."

"이것저것 챙기다 보니 그리되었네요."

"거참, 이게 다 돈 가방이면 얼마나 좋을까요?"

페기린이 챙겨 온 가방들을 빼앗다시피 해 차 트렁크에 옮겨 싣던 삼촌사촌이 기어이 한마디를 보탰다.

'만나자마자 대뜸 돈타령이나 해 대다니?'

페기린이 왕위를 수락하자마자, 삼촌사촌은 순둥이 삼촌이 돌아가시기 전에 마을 사람들과 분쟁이 있었음을 알렸다. 그 분쟁 해결을 위해 1,200세디*를 지급하기로 약속하고는

★ 가나의 화폐 단위입니다.

이행하지 않았다는 사실도 덧붙였다. 삼촌사촌은 아무래도 즉위식을 치르기 전에 그것부터 해결해야 할 것 같다며 돈을 요구했다.

1,200세디는 800달러 남짓한 돈이었다. 가나와 워싱턴 간 왕복 비행기 표 값으로 1,500달러가 필요한 페기린에게 무척이나 부담스러운 액수였지만 돌아가신 순둥이 삼촌의 명예를 생각해 은행 대출금과 관리비 등을 미루고라도 서둘러 보내 주긴 했었다.

"삼촌사촌 눈엔 내가 돈으로만 보이나 봐요?"

페기린은 기분이 상당히 언짢았다.

"헤에, 농담 좀 한 걸 갖고 뭐 그리 정색을 하십니까?"

페기린의 불편한 심기를 눈치챈 삼촌사촌이 재빨리 얼버무렸다.

그러나 30년 꼬박 대사관에서 근무하면서 셀 수도 없이 많은 사람을 상대해 온 페기린이었다. 사람들의 표정이나 눈빛, 말투만 봐도 그 사람이 어떤 사람인지 판단할 수 있었고, 그런 판단이 틀리는 경우도 극히 드물었다.

"글쎄요, 내 귀엔 농담처럼 들리지 않는데요?"

삼촌사촌은 절대 신뢰할 수 없는 사람이라는 확신이 들었다. 분쟁 해결 명목으로 보내 준 1,200세디가 제대로 전달되었을 리도 없었다.

"어쨌거나 바로 제가 나나께서 새 왕으로 추대되었다는 희소식을 전해 드렸다는 사실을 절대 잊지 마십시오!"

그런데도 삼촌사촌은 공치사*하기에만 바빴다.

페기린의 판단처럼, 이후로도 삼촌사촌은 이 핑계 저 핑계를 대가며 페기린의 돈을 탐내기 일쑤였고 왕실에 관련된 돈에도 자주 손을 댔다. 그런 중에 분쟁 해결에 필요했던 돈이 1,200세디가 아니라 450세디였다는 게 밝혀졌다. 페기린이 그 사실을 알게된 후, 삼촌사촌은 결국 왕실에서 쫓겨나는 신세가 되고 말았다.

공항 청사를 출발한 차가 아크라 시를 벗어날 때까지 도

★ 남을 위해 수고한 것을 생색내며 스스로 자랑하는 것입니다.

로는 꽉꽉 막힌 채였고 가다 서기를 반복하는 차들 사이로 행
상꾼들도 하나, 둘 늘어갔다. 대부분이 청년들로 전화카드를
팔기도 했고, 물병이나 물이 담긴 비닐봉지를 팔기도 했고,
휴지와 장난감, 심심풀이 과자 등을 팔기도 했다.

　페기린은 시커먼 매연을 뿜어 대는 차들 사이를 비집고
다니며 하나라도 더 팔아 보려 악착을 떠는 행상꾼들을 허투
루 보지 않았다.

　'저 많은 청년 중에 오투암 출신은 얼마나 많을까?'

가나에서는 초등학교 6년과 중학교 3년은 무상교육을 하고 있었다. 하지만 대부분의 가정이 경제적 여유가 없다 보니 많은 아이가 고등학교 진학을 포기해야 했다. 그런 아이는 일자리를 찾아 도시로 올라오지만, 기술이 없는 탓에 일자리를 찾기가 하늘의 별 따기였다. 푼돈이나마 벌기 위해서는 행상이라도 나서는 수밖에 없었다.

'고등학교가 있어도 다니기 어려운 판에 오투암 주변 어디에도 고등학교가 단 한 곳도 없으니…….'

저 많은 행상꾼 중에 오투암 출신의 청년이 얼마나 많을지 짐작이 가고도 남았다.

도로가 막히면 막힐수록 늘어가는 행상꾼들 사이로, 바퀴 달린 널빤지를 타고 플라스틱 슬리퍼를 낀 손으로 바닥을 밀고 다니며 물건을 파는 장애인들도 여럿 보였다.

'장애인인 경우엔 상황이 더 열악하겠지?'

페기린은 문득 오래전 하굣길에 보았던 남자아이의 모습이 떠올랐다. 저들도 함께 배우고 일할 수 있는 세상이면 참 좋겠다는 생각을 떨칠 수 없었다.

마침내 차는 고속도로로 접어들었다. 도로를 따라 휴대폰

회사의 로고가 쓰인 색색의 집들이 늘어서 있었다. 도로 주변으로는 직접 농사지은 코코넛과 파파야, 파인애플 같은 과일들을 파는 임시 판매대들이 줄지어 서 있었다.

"나나께서는 사람이 살 수도 없을 정도로 낡은 왕궁을 대신해 근처에 있는 친척 집에서 묵게 될 것입니다. 첫 일정으로는 내일 아침 5시에 원로들이 나나께 인사를 드리러 올 예정입니다. 그 자리에서 즉위식에 관련한 일정과 물품 등을 조율하게 될 것입니다. 그런 다음 아침 식사를 마치고 왕실 예절을 배우는 시간을 가질 것이며……."

삼촌사촌은 9일간 있을 행사와 가족 모임에 대해 설명해 나갔다. 50킬로미터 가량을 달리는 내내 잠시도 입을 다물 줄 몰랐다.

'7천 명의 오투암 주민 모두가 나의 남편이고 아이라는 것을 잊지 말아야지!'

페기린은 하나라도 더 팔아 보려 억척을 떠는 농부와 농부의 아내 모습을 보는 것으로 지루함을 달랬다.

해안 도로를 달리던 차가 오투암으로 통하는 샛길로 들어섰다.

'도로를 보수했다는 얘기를 들어 본 기억이 없는데?'

아니나 다를까. 움푹 팬 구덩이들도, 울퉁불퉁한 노면도 마지막으로 보았을 때보다 훨씬 더 심해져 있었다.

"나나! 꽉 잡으십시오."

삼촌사촌이 소리치기도 전에 페기린은 손잡이를 꽉 움켜잡았다. 하지만 몸은 제 맘대로 튕겨 올랐다. 택시 지붕에 머리를 짓찧었다. 어깨가 뒤틀리며 허리까지 삐걱거리는 걸 막을 수 없었다.

'오투암을 발전시키려면 이곳 도로를 보수하는 게 급선무 아닐까? 정부 관리들을 어디서부터 어떻게 설득해 나가야 할까? 개인 투자자를 물색하는 일도 쉽지 않을 테고…….'

움푹 팬 구덩이와 울퉁불퉁한 커브 길을 돌 때마다 페기린의 머릿속도 덩달아 덜컹거렸다.

오투암에 겨우겨우 도착해서도 마찬가지였다.

'설마 내가 타임머신을 타고 온 건 아니겠지?'

어둠이 깔린 메인 스트리트도, 들판 멀리 보이는 어촌 마을도, 십여 년 전과 달라진 게 거의 없었다.

가로등이라고는 달랑 하나뿐인 메인 스트리트로 접어들었을 때였다.

"뭐, 뭐야?"

삼촌사촌이 꼬꾸라지듯 급브레이크를 밟았다. 염소 한 마리가 어찌할 바를 모른 채 제 코앞에 멈춘 자동차를 멀뚱멀뚱 쳐다볼 뿐이었다. 덩치는 작은데다 털도 짧고 뿔도 볼품없이 짤막한 것이 보기에 안쓰러웠다.

'길을 잃고 헤매던 참일까. 어디 다친 데는 없나 모르겠네?'

페기린은 창 너머로 보이는 녀석을 요리조리 살폈다. 다행히 다친 데는 없는 듯했다.

"뉘 집 염소인지 몰라도 확 잡아먹어 버릴까 보다!"

삼촌사촌은 염소를 피해 핸들을 돌리며 구시렁거렸다. 백미러로 페기린의 눈치를 살피는 것도 빠뜨리지 않았다. 바로 그때였다. 도로에서 멀지 않은 풀숲 한쪽이 심하게 일렁였다.

'또 염소?'

페기린은 걱정스러운 마음에 창문까지 열어젖히고 풀숲을 유심히 들여다보았다. 그렇게 얼마쯤 지났을까.

"엄마야!"

풀숲에서 볼 일을 마치고 일어서던 여자아이가 도로 쪽을 힐끔 보더니 손에 든 보따리를 끌어안으며 후다닥 마을 쪽으로 내달렸다. 친척 집에서 뭔가를 얻어가던 중인 듯 보였다. 여자아이는 누군가가 보고 있었다는 게 아무래도 거슬렸던지 몇 번이고 뒤를 힐끗 돌아다보기까지 했다. 페기린은 미안한 마음에 황급히 창문을 닫았다.

그때 불현듯 머리를 스치는 것이 있었다.

'맞아, 공중화장실도 필요하겠구나!'

마을에는 사립 초등학교 한 곳과 공립 초등학교 두 곳이 있었다. 그런데 공립 초등학교 중 한 곳에는 공중화장실이 아예 없다고 했다. 그러다 보니 아이들은 용변이 아무리 급해도 집에 갈 때까지 참아야 했다. 정히 못 참겠으면 근처 들판 아무 곳에서나 실례할 수밖에 없었다.

'위생 문제도 문제지만 아이들의 자존감을 지켜 줘야 마땅하겠지?'

페기린은 학교뿐 아니라 많은 사람이 이용하는 곳에 대규모의 공중화장실을 설치해야겠다는 생각이 들었다.

'아이야, 날 믿고 기다려 주렴!'

페기린이 아이가 도망치듯 달려갔던 마을 쪽을 건너다보는 사이 메인 스트리트를 벗어난 차는 모래투성이 길을 달려 왕궁 뒤편으로 갔다. 잠시 후 차는 페기린이 묵게 될 친척 집 대문 앞에 멈춰 섰다.

"나나, 다들 기다리고 있었습니다!"

"오시느라 고생 많으셨지요?"

"나나께서 제일 좋아하는 켄케를 준비해 두었답니다!"

페기린이 차에서 내리자 이모와 사촌들이 머리 위로 손을 치켜들며 반겨 주었다.

"고맙습니다. 모두 그리웠어요."

페기린은 사촌들과 정 깊은 포옹을 나누었다.

다음 날 새벽 4시였다.

꿈결인 듯 수탉들의 홰치는 소리가 들리더니 곧이어 염소들의 울음이 더해지며 페기린의 단잠을 깨웠다. 얼마 후, 왕실의 북인 폰톰프롬 소리가 울려 퍼지며 왕의 이름으로 오투암 마을의 모든 것을 흔들어 깨웠다.

잠에서 깨어난 페기린은 수첩을 꺼내 오투암의 왕으로서 해야 할 일들을 하나하나 적어 나갔다.

1. 왕궁 수리하기.

2. 수도 시설 설치하기.

3. 고등학교 설립하기.

4. 비포장도로 정비하기.

5. 도서관과 공중화장실 설립하기.

6. 은행 지점 개설하기.

일단 거기까지 적고 보니 페기린은 앞으로도 얼마나 더 많은 항목이 더해지게 될지 조금은 겁이 났다.

'하지만 나는 나나 아무아 아펜이 6세잖아?'

페기린은 신께서 분명코 길을 보여 주실 거라는 믿음으로 한 걸음, 한 걸음 뚜벅걸음을 내디딜 것을 다짐했다.

아침 식사를 마친 페기린은 왕실 예절을 가르쳐 줄 팅커벨 이모와 마주 앉았다.

　　왕실 가문의 여자 중 가장 나이가 많은 팅커벨 이모는 작은 몸집, 반짝이는 눈동자, 활발한 성격까지 『피터팬』에 나오는 요정 팅커벨을 떠올리기에 충분했다. 팅커벨 이모에게 팅커벨에 대해 설명하자 팅커벨 이모는 무척이나 신나했다.

　　페기린은 본격적인 왕실 예절 수업을 시작하기 전에 팅커벨 이모에게 궁금한 것들을 먼저 묻기로 했다.

　　"오래전에 어머니에게 들었던 얘긴데 혹시 요즘도 아내를 때리는 남편들이 있나요?"

　　"마을에선 늘 있는 일인데요 뭐. 어찌할 도리가 없어요."

　　팅커벨 이모가 고개를 살래살래 가로저었다.

　　'7. 가정 폭력 근절하기.'

　　페기린은 오투암의 왕으로서 해야 할 일을 한 가지 더 보탰다.

　　"아뇨! 내가 왕이 된 이상 그냥 두고 보지는 않을 거예요. 앞으로 아내에게 폭력을 쓰는 남자들은 오랜 감옥 생활을 각오해야 할 거라고 나나 아무아 아펜이 6세의 이름으로 공표

할 생각이거든요. 그런데도 버릇을 못 고치고 또다시 폭력을 썼다가는 아예 마을 밖으로 내쫓아 버릴 거예요."

"역시! 나나십니다!"

팅커벨 이모가 페기린의 손을 잡으며 활짝 웃었다.

"참, 마을 인근에 병원이 있는지도 궁금하네요."

"왕궁 뒤편 저쪽으로 작은 병원이 하나 있긴 합니다. 인근 마을 사람들까지 그곳을 이용하다 보니 병원 입구는 늘 사람들로 넘쳐나죠."

"의사는 몇 명이나 있어요? 치과 의사도 있고요?"

페기린은 그나마 다행이라는 생각으로 덧붙여 물었다.

"치과고 뭐고 의사라고는 한 명도 없는 걸요. 대신 간호사들 열댓 명이 숙소에 기거하면서 설사나 간단한 상처를 치료해 주고 가벼운 골절을 맞춰 주는 게 전부예요. 정히 급한 환자들은 솔트폰드 국립 병원까지 나가야 그나마 엑스레이도 찍고 초음파 검사도 할 수 있고요."

팅커벨 이모가 손사래를 치며 문제점들을 조목조목 지적해 나갔다.

"암이나 심장병 같은 경우도 큰 문제지만, 임산부들은 산

전 관리도 받고 아이도 낳으러 가야 하는데 그때마다 택시를 불러 타고 40여 분 남짓을 나가야 해요. 그런데 택시를 부르려 해도 택시비가 없어 발만 동동 구르는 일도 있고, 엉망진창인 진입로 길을 달리다 택시 안에서 죽는 경우도 종종 있어요. 난산인 경우엔 산모와 아이 모두 목숨을 잃는 경우가 다반사예요. 심장마비 환자나 뇌졸중 환자야 두말하면 잔소리고요."

팅커벨 이모가 문득 말을 멈췄다.

"하나 마나 한 얘기지만, 평소 뇌졸중을 앓던 선왕께서 샤워 중에 쓰러지셨을 때 기억이 새삼스럽네요. 하필 경찰이 자리를 비운 날이기도 했지만, 어렵게 택시를 부르고 의식을 잃은 선왕을 택시에 태워 울퉁불퉁한 길을 달려 병원까지 모시고…… 그날처럼 앰뷸런스가 절실했던 날은 또 없었을 거예요."

"팅커벨 이모, 제가 의사들도 모셔 오고 앰뷸런스도 갖추도록 최선을 다할게요. 저 믿으시지요?"

페기린은 팅커벨 이모와 눈을 맞췄다.

"그럼요. 믿지요. 믿고말고요. 그리 허망하게 돌아가신 선왕께서도 무척 기뻐하실 거예요."

팅커벨 이모도 페기린과 눈을 맞추었다.

"참새가 한 번에 하나씩 잔가지를 옮겨 둥지를 짓는다는 사실을 절대로 잊지 마세요."

페기린의 확신에 찬 눈빛이 빤짝거렸다.

'8. 의사 모셔 오기와 앰뷸런스 구입하기.'

페기린은 오투암의 왕으로서 해야 할 일에 다시 한 가지를 더했다.

"자, 그럼 나나 아무아 아펜이 6세의 왕실 예절 공부를 시작해 볼까요?"

팅커벨 이모는 왕이 갖추어야 할 예절들을 하나하나 언급해 나갔다.

"먼저 걸음걸이부터 배워 보도록 하겠습니다. 어깨는 자연스럽게 힘을 빼고 고개는 높이 치켜들어 시선을 멀리하면서 야무지게……."

페기린도 이모도 조금 전과는 달리 아주 진지한 표정이었다.

그날 오후, 페기린은 제사장인 치아미와 어부 담당인 주먹코 삼촌, 삼촌의 절친한 친구인 재무 담당자를 비롯한 여섯 명의 원로와 함께 오투암에 필요한 것들에 관해 토론을 해 나갔다.

그런데 모두 페기린의 말을 귀담아 들으려 하지 않았다. 페기린이 반드시 짚고 넘어가려 하는 사안은 얼렁뚱땅 넘기기 일쑤였고, 다른 누군가에게 책임을 전가하기에만 급급했다. 도대체 원로들이 왜 필요할까 싶을 정도였다.

"원로 여러분은 남자이고 저는 여자입니다. 하지만 신께서 제게 마을을 다스릴 권한을 허락하셨으니, 여러분은 저와 함께 일할 준비가 되어 있어야 마땅합니다. 저보다 나이가 많다 해도 상관없습니다. 무엇보다도 저는 무례한 것을 참지 못하는 사람입니다. 그러니 행여 저를 쥐고 흔들려는 생각 따윈 단호히 버리셔야 할 것입니다."

페기린의 경고성 발언에도 원로들은 시큰둥한 반응을 보였다.

그때였다. 아크라에 사는 말라깽이 조카가 양손에 트렁크를 든 채 거실문을 박차고 들어섰다.

"나나! 나나를 위해 제가 왔습니다."

몇 해 전 세상을 뜬 언니의 아들이면서, 원인이 불분명한 병으로 부모와 누이 그리고 한 살배기 아들을 차례로 잃고 자기만의 세계에 빠져 이상한 언행을 일삼고 다니는 조카였다.

"이런! 먼 곳에 사시는 조카님께서 나나를 뵈러 오신 모양이니 오늘은 이만 자리를 접는 게 좋지 않겠습니까?"

기회는 이때다 싶어진 원로들은 순식간에 자리를 박차고 일어섰다. 주변에 모여 있던 친척들도 고개를 절레절레 내저으며 페기린의 눈치만 살폈다.

"앞으로 나나의 곁을 지키며 무엇이든 시키는 대로 할 것을 약속 드립니다."

워낙에 마른 체형이라 말라깽이 조카라고 부르고 있긴 했지만, 오랜만에 보는 그의 몰골은 말로 표현할 수 없을 지경이었다.

'죽은 언니를 대신해 내가 살펴줘야겠구나.'

페기린은 조카를 돌보는 것 또한 자신의 몫임을 어렴풋이

깨달았다.

"잘 왔다. 하지만 만에 하나 똑바로 행동치 않을 때는 당장 아크라로 보내 버릴 테니 그리 알아라!"

"그럼요. 당연하고말고요."

페기린의 엄포에 그는 머리가 땅에 닿도록 굽실거렸다.

다음 날, 페기린이 원로들과 함께 왕궁으로 향하던 중이었다. 처음 보는 남자가 차에서 내리더니 왕의 등극을 축하하러 왔다며 자신을 소개했다. 파파와 나이가 비슷해 보였다.

"위네바에서 건축 도급업을 하는 나나 퀘시입니다. 나나와 사촌 사이예요."

나나 퀘시는 훤칠한 키에 민머리였고 이목구비가 굵고 또렷했다. 미소는 어린아이처럼 티 없이 해맑았는데, 보는 이도 덩달아 미소 짓게 했다.

나중에야 알게 되었지만 나나 퀘시는 위네바에 거주하는 가문의 최연장자로 그곳 사람들의 존경을 한몸에 받고 있었다.

"왕궁을 보러 가려던 참인데 마침 잘 되었네요."

페기린은 나나 퀘시에게 동행을 청했다. 저만치 뒤따라오던 주먹코 삼촌과 재무 담당 원로는 나나 퀘시의 출현이 불편한 듯 귀엣말로 속닥거렸다.

곰팡이에다 구멍투성이인 주석 지붕과 터지고 갈라진 천장과 벽, 새똥 범벅인 바닥, 깨지고 뒤틀린 창문, 색이 바래고 부서진 의자 등등. 짐작은 했지만 왕궁의 모습은 흉하다 못해 처참하기까지 했다. 계단 옆의 의자 보관실도 엉망진창이긴 마찬가지였다.

페기린이 경제적 부담을 감수하면서라도 왕궁을 수리하려고 하는 데는 이유가 있었다. 새 왕궁을 통해 오투암 주민에게 자부심과 자신감 그리고 앞날에 대한 기대감을 부여할 수 있을 거라는 확신 때문이었다. 그 때문에 장례식이 많이 늦어지긴 하겠지만, 순둥이 삼촌 역시 오투암 주민의 자부심과 자신감, 앞날에 대한 기대가 담긴 새 왕궁에서 장례식이 치러지기를 간절히 바라고 있을 거라 믿었다.

'수리 비용이 엄청나게 들겠지?'

페기린은 그 자리에 주저앉고만 싶었다.

"에보툼 아예!"

그때였다. 여자인지 남자인지 모를 묘한 음색의 목소리가 '넌 할 수 있다!'고 속삭이는 게 아닌가. 왕위를 수락한 이후로 한 번도 듣지 못했던 목소리였다.

페기린이 목소리의 주인공을 찾아 주위를 몇 번이고 둘러볼 때였다. 나나 퀘시가 곁으로 다가왔다.

"경기가 워낙 좋지 않아 일도 별로 없으니, 제가 왕궁 수리를 도와 드리면 어떻겠습니까?"

"정, 정말요?"

페기린을 측은히 여긴 조상이 때맞춰 나나 퀘시를 보내 준 것만 같았다.

"가족을 돕는 일에 이익을 많이 남겨서는 안 될 테니, 다른 업자들보다 훨씬 저렴하게 해 드리겠습니다."

나나 퀘시가 환하게 웃으며 말했다.

"전체적으로 빗물로 말미암은 피해가 가장 큰 듯하니 주석 지붕부터 먼저 손을 봐야 할 것 같습니다."

2층의 방들을 꼼꼼히 살피던 나나 퀘시가 바다를 향해 뚫려 있는 창가로 페기린을 이끌었다. 들판과 숲 너머로 펼쳐진 바다가 코발트색으로 빛나고 있었다.

"그런 다음에 하나씩 하나씩 고쳐 가면 분명 아름다운 왕궁이 될 것입니다!"

"워싱턴에 돌아가거든 되도록 이른 시일 안에 지붕 수리비부터 보내 드릴게요. 그래도 되겠지요?"

페기린은 오투암의 바다를 그대로 옮겨 놓은 것 같았던 상상 속 왕궁을 떠올리며 조심스레 운을 뗐다. 그러면서도 도대체 그 많은 돈을 어떻게 구해야 할지 막막하기만 했다.

"나나 혼자 왕궁 수리비를 책임지겠다는 말씀 같은데……"

나나 퀘시가 뒷덜미를 문지르며 보일락 말락 한숨을 내쉬었다. 할 말이 있긴 한데 어떻게 말을 꺼내야 할지 망설였다.

한참만에야 나나 퀘시가 작정한 듯 말을 꺼냈다.

"제 생각이긴 합니다만, 왕궁 수리비도 그렇고 마을을 위해 쓸 공금이 있지 않을까요? 나나께선 잘 모르시겠지만, 가족 행사 때문에 제가 이 마을에 올 기회가 여러 번 있었거든요. 올 때마다 느낀 건데 수도며 도로며 학교며…… 할 일이 참 많아 보였습니다. 아이들이 참 안됐다는 생각도 들었고요. 그런데 그 많은 짐을 나나 혼자 어찌 짊어질 수 있겠습니까?"

"그런 생각을 안 해 본 건 아니에요. 그런데 원로들 말이 왕궁 수리비는 고사하고 마을에 돈이 한 푼도 없다고 하네요. 재무 담당 말로는 즉위식에 쓸 비용도 내가 다 내야 한다니, 워싱턴에서 챙겨 온 비상금까지 전부 다 써도 모자라게 생겼지 뭐예요. 이모들한테 꾸어 달랄 수밖에요."

페기린은 한숨을 내쉬며 걱정스러운 표정을 지어 보였다.

"허참, 그러면 재무 담당이 왜 필요하답니까?"

나나 퀘시는 이해가 안 된다는 듯 고개를 갸웃거렸다.

"사실은, 저도 그게 궁금해요."

페기린은 어깨를 으쓱해 보였다.

"분명한 건 오투암 마을도 세금을 걷긴 걷을 테지요?"

다른 부족 마을들처럼 오투암의 모든 땅은 왕의 소유로 되어 있었다. 그런 만큼 땅을 소유한 사람은 어떤 명목으로든 세금을 내야 할 의무가 있었고 땅을 팔 때도 거래세를 내야 했다.

"물론이지요. 올 1월에 선왕께서 뇌졸중으로 쓰러지신 이후에도 왕의 이름으로 누군가 대신 세금을 걷었을 테고요."

페기린 역시 가장 궁금하던 부분이었다. 그래서 즉위식을 마치는 대로 대체 누가 왕을 대신해 세금을 거뒀는지, 그 돈을 어떤 용도로 사용했는지 등을 꼼꼼히 체크해 나갈 생각이었다.

"즉위식이 끝나는 대로 검토를 시작해 볼 참이에요. 그 전에 주민을 직접 찾아다니며 현장 조사부터 해야 할 것 같은데 시간이 워낙 촉박해서 걱정이네요."

"제가 나나를 대신해 마을 사람들을 만나 봐 드릴까요?"

"정말요? 그리 해 주시면 제가 더 고맙지요!"

페기린은 지원병을 얻은 듯 든든했다.

"혹시, 이번 참에 마을 원로로 활동해 주실 생각은 없나요?"

페기린은 원로들과 두 번의 회의를 하면서 그들만 믿고 마을을 이끌어 갈 수는 없다고 생각했다. 페기린은 어떻게든 나나 퀘시를 붙잡고 싶었다.

"제가 사는 마을도 아니고, 꼭 그렇게까지 해야 할 필요가 있을까요?"

나나 퀘시가 난감해 했다.

"앞으로 제가 왕의 이름으로 해 나가려는 일들은 자신만의 방식을 고집하지 않는 사람이 절대적으로 필요한 일이거든요. 전문적 기술을 겸비한 사람이면 더욱 좋고요."

"나나께서 그리 말씀하시니…… 알겠습니다. 제가 할 수
있는 한 최선을 다해 보겠습니다."

페기린의 진심이 통했을까. 나나 퀘시가 부끄러운 듯 뒤
통수를 긁적이며 말했다.

"나나 퀘시! 정말, 정말 고맙습니다!"

페기린은 끝 모를 터널을 헤매다 비로소 비상구 불빛을
찾은 기분이었다.

즉위식이 끝난 후 원로들과 친척들을 비롯한 많은 사람이
축하 잔치를 벌일 때였다.

나나 퀘시가 페기린의 옆자리로 와 앉더니 그간의 일들을
전해 주었다.

"다행히 올해 땅을 샀다는 남자와 사촌이 땅을 샀다는 남
자를 만날 수 있었습니다. 그런데 두 사람 모두 원로들에게
세금을 냈다 하네요."

"돈을 받은 원로가 누구랍니까?"

페기린은 나나 퀘시 쪽으로 바짝 다가앉았다.

"누군지는 모른답니다. 계약서도 주지 않았다 하고요. 그런데 그들 말이 땅을 가진 자라면 누구든 해마다 일정액의 토지세를 내왔다 하더라고요. 지난달에도 그 돈을 거둬 갔다는데, 개인에게야 그리 큰돈은 아니더라도 그걸 내는 주민 모두의 돈을 합치면 절대 적은 액수는 아닐 거라 하네요. 토지 거래 장부가 있을 거라고 하는데…… 그 안에 마을의 모든 토지 거래 내역이 기록되었을 거라 합니다."

"그래 놓고 나한테는 마을에 돈이 한 푼도 없다 했단 말이지요?"

"어부들도 왕의 바다에 카누를 타고 나가 고기를 잡을 때마다 원로들에게 세금을 냈다고 합니다. 어부들 말로는 원로의 이름은 몰라도 얼굴을 보면 대번에 알아볼 수 있다고 하더군요."

"삼촌께서 입원하기 훨씬 전부터 누군가 왕의 이름으로 돈을 걷었단 말이잖아요?"

며칠 전 이모들에게서 들은 이야기가 페기린의 뇌리를 스쳤다.

"오래전부터 왕궁 수리 문제를 두고 선왕과 주먹코 삼촌 간에 갈등이 얼마나 심했는지 모릅니다. 대놓고 싸우기까지 했을 정도였다니까요?"

이해할 수 없다는 표정을 짓던 이모들의 모습을 떠올리며 페기린은 저만치 모여 앉아 먹고 마시고 웃고 떠들기에 여념이 없는 원로들을 노려보았다.

'혹시 원로들이 나를 왕으로 선택한 이유가 남자보다 다루기 쉬울 거란 생각 때문은 아니었을까? 게다가 내가 8천 킬로미터나 떨어진 워싱턴에 살고 있으니 자신들의 사리사욕*을 채우기에 훨씬 수월할 거로 생각했을 테고?'

페기린은 당장에 자리를 박차고 일어나 지금이라도 즉위식을 없었던 걸로 하자고 소리치고 싶었다. 당장 워싱턴으로 돌아가 오로지 자신만을 위해 살고 싶었다.

"나나, 숨을 깊이 들이마십시오."

나나 퀘시가 걱정스런 눈길로 페기린의 표정을 살폈다.

★ 개인적인 이익과 욕심을 뜻하는 말입니다.

'아니지! 설령 저들이 그랬다 해도 조상이 나를 선택하셨잖아? 워싱턴에서 조상의 음성을 세 번이나 들었는걸. 왕궁에서도 음성을 들었고.'

페기린은 숨을 깊이 들이마셨다 내쉬기를 반복하며 조상이 자신을 선택한 이유를 곰곰이 생각해 보았다.

열흘간의 일정을 모두 마치고 워싱턴으로 돌아가는 날, 페기린은 원로들을 한자리에 불러 모았다.

"토지를 가진 사람도, 고기를 잡는 어부도 왕에게 세금을 내야 한다는 걸 알고 있습니다. 누가 선왕을 대신해 그 돈을 받았는지 말씀해 보세요."

페기린은 두 눈을 부릅뜨고 원로들을 차례차례 노려보았다.

"누가 왕의 이름으로 돈을 받았느냐고 물었습니다."

"선왕께서는 재정 문제엔 도무지 관심이 없으셨습니다."

"마을 일에는 통 무심하셨습니다. 왕궁이 저 지경이 되도록 방치된 것도 그 때문이고요."

페기린의 연이은 압박에 주먹코 삼촌과 재무 담당 원로는 당황스런 표정을 지었다.

"그러니까 주민 모두 토지세며 어부세를 일절 내지 않았단 말씀인가요?"

페기린은 다시 힘주어 물었다.

"그게…… 그러니까 그게…… 그건 아니지만……."

제사장인 치아미는 주먹코 삼촌과 재무 담당 원로의 눈치만 살폈다.

"마을 주민 누구든 만에 하나 세금을 내지 않았거나 거부한 자가 있다면 왕의 이름으로 마을에서 쫓아내겠습니다. 그리고 지난 2년간 왕의 땅을 산 자가 누군지도 알아야겠습니다. 어느 땅을 얼마에 주고 샀는지, 세금으로 받은 돈은 대체 어디에 쓰였는지도 알아야 하겠고요."

"제가 알기로는…… 아주 오랫동안 누구도 왕의 땅을 산 적이 없을 겁니다."

치아미가 거들먹거렸다.

"오랫동안 아무도 땅을 산 적이 없었다고요? 집을 짓거나 땅을 개간한 주민이 아무도 없었단 말인가요?"

페기린은 올해 땅을 산 사람이 둘이나 있다던 나나 퀘시의 말을 떠올리며 고함을 쳤다. 목소리가 쩌렁쩌렁 울렸다.

"지금 당장 토지 거래 장부를 가져오세요!"

"그게 그렇게 궁금하시면 직접 찾아보시지 그러세요?"

치아미는 어깨를 으쓱하고는 그만이었다.

페기린은 하마터면 치아미의 면전에 대고 욕을 할 뻔했다. 하지만 매서운 눈빛으로 치아미를 노려만 보았다. 그 자리에 참석한 팅커벨 이모도 나나 퀘시도 입을 꾹 다문 채 페기린과 치아미를 번갈아 볼 뿐이었다.

그렇게 얼마쯤 시간이 흘렀을까.

"마카!"★

페기린은 원로들 모두에게 자신이 다시 올 때까지 토지 거래 장부를 반드시 찾아놓으라고 했다. 토지 거래에 관한 모든 기록을 다시 확인하고 어부세도 거두어 잘 보관하고 있으라는 말도 빠뜨리지 않았다.

"여부가 있겠습니까?"

★ '내 말을 명심하라'는 뜻의 판테어입니다.

주먹코 삼촌과 재무 담당 원로가 호들갑스레 어깨를 조아렸다.

아크라 공항으로 가는 동안 페기린은 수첩을 펼쳤다. 오투암의 왕으로서 해야 할 일들 목록에 '부정부패 척결하기'를 추가했다. 페기린은 원로들의 공금 유용뿐 아니라 지역 전체에 만연해 있는 부정부패를 뿌리 뽑겠다고 각오를 다졌다.

내가 아무아 아펜이 6세

"모든 일이 절대 풀리지 않을 것처럼 절망적일 때
하늘에서 빛을 내려 주신다는 걸 믿습니다."

페기린이 워싱턴으로 돌아오고 두 달 후, 케냐 출신의 버락 오바마가 미국의 새 대통령에 선출되었다.

12월에는 가나의 대통령 선거도 있었다. 존 쿠푸오르 대통령계의 후보와 재투표까지 가는 경합을 벌인 끝에 오투암 출신의 정치 신인인 존 아타 밀스가 12대 대통령에 선출되었다. 그 때문에 바우아에듀세이 대사는 주미 가나 대사직에서 물러나야 했다. 페기린도 홍보실로 자리를 옮기게 되었다.

새 업무를 익히기에 여념이 없는 중에도 페기린은 전화로 오투암의 상황을 보고 받았다. 원로들을 독촉하고 감시하는 일도 게을리하지 않았다.

"토지 거래 장부는 찾았습니까? 어부세는 잘 보관하고 있
나요? 최근에 토지 거래가 몇 건이나 있었습니까?"

하지만 원로들은 모두 다른 원로에게 물어보라는 둥, 발
뺌만 해 댔다.

보다 못한 페기린은 나나 퀘시를 자신의 대리인으로 임명
해 원로들을 견제할 수밖에 없었다.

두 가지의 기쁜 소식도 있었다.

아내에게 폭력을 쓰는 남자들은 엄하게 벌하겠다는 공표
이후로 마을 내 가정 폭력이 완전히 사라졌다는 소식과 함께
지역농업개발은행이 오투암의 메인 스트리트에 지점을 개설
키로 했다는 소식이었다.

2009년 9월, 페기린은 부족장 협의회 참석 차 7주간의 휴
가를 얻어 오투암으로 향했다. 즉위식을 치른 왕이라 해도 중
앙정부의 공식 인정을 받기 위해서는 인근의 부족장 협의회

에 가입해야 했기 때문이다.

부족장 협의회의 회원이 되면 서로의 관심사를 나눌 수 있었고, 마을의 분쟁과 갈등에 대한 조언을 구할 수도 있었다. 또한 정부 관리들과의 관계 유지를 위한 최선책을 모색하거나 각 지역의 전통을 지켜 가기 위한 논의도 했다.

부족장 협의회 가입을 마친 페기린은 지역농업개발은행의 오투암 지점 개점식에도 참석했다. 그리고 첫 번째 고객이 되어 나나 아무아 아펜이 6세의 명의로 된 왕실 계좌를 개설했다. 마을의 모든 수익금을 예치하기 위한 통장으로 원로들의 공금 유용을 차단키 위한 장치이기도 했다.

페기린이 통장을 만들었다는 소식을 들은 주민도 침대 밑이나 마룻바닥에 구멍을 뚫어 보관해 오던 돈을 꺼내 들고 하나둘 은행을 찾기 시작했다.

그런 중에도 페기린은 어부들을 찾아다니며 어부세를 받아 간 원로들이 누군지 지목해 달라고 설득했다.

"나나께서 직접 찾아와 청을 하시는데 어찌 나 몰라라 할 수 있겠습니까?"

다행히 어부들 여럿이 페기린 뜻에 따라주었다. 어부들은 원로들과 마주 앉은 자리에서 너도나도 치아미와 주먹코 삼촌, 재무 담당 원로를 지목했다.

"우리가 잡아 온 생선을 공짜로 얻으려고 그릇을 들고 기다리기까지 했다니까요."

어떤 어부는 눈물을 흘리기도 했다.

페기린은 다른 원로들을 가리키며 저들 중에도 어부세를 받아 간 사람이 있느냐고 묻자 어부들 모두 세차게 고개를 가로저었다.

결국 세 명의 원로들은 자백할 수밖에 없었다. 토지세와 토지 거래세에도 손을 댔음을 실토했다. 세 명의 원로들은 페기린이 자신들을 감옥에 보내지 않을까 잔뜩 겁을 냈다.

'그 돈만 있었어도 고장 난 수도 시설을 고치고, 산모들과 위급한 환자들을 위한 구급차를 구입하고, 고등학교와 공중화장실을 지을 수 있었을 텐데……'

페기린은 화가 치밀었다. 하지만 새롭게 펼쳐 나갈 미래를 위하여 페기린은 그들을 기꺼이 용서하기로 했다.

"용서는 이번 한 번뿐이라는 것을 명심하십시오. 또다시 돈을 빼돌리는 일이 생기면 당장 감옥에 가둬 버릴 것입니다."

"절대, 결코, 다시는 그런 일 없을 테니 부디 믿어 주십시오!"

치아미와 주먹코 삼촌과 재무 담당 원로는 허리를 있는 대로 조아려 아뢰었다.

페기린은 그들의 말을 백 퍼센트 믿지 않았다. 다만, 지금은 마을을 위해 해야 할 일이 산더미였고, 모두가 힘을 합쳐 그것들을 풀어 가는 일에 집중할 때였다.

"앞으로는 어부들의 대표가 매일 어획량을 확인하고 기록한 다음 세금을 거두도록 할 것입니다. 그런 다음 매주 혹은 격주로 왕의 대리인인 나나 퀘시에게 장부와 돈을 건네면, 나나 퀘시가 그 돈을 은행의 왕실 계좌에 입금할 것입니다."

페기린은 먼저 어부세를 걷는 방법을 개선했다.

토지세 또한 가장 공정하고 투명하게 운영해 갈 방법을 모색해 나갔다.

왕실만의 원로회의가 아니라 주민 모두의 원로회의로 거듭나기 위한 발걸음도 늦추지 않았다. 마을의 여장부로 통하는 마마 암마를 비롯한 세 명의 여자를 원로에 임명했으며, 주민의 의견을 적극 반영하기 위한 대화의 자리도 마련했다.

"이번 왕은 뭐가 달라도 다른 거 같습니다."

"머잖아 우리 마을도 살맛이 나는 마을이 될 것 같지 않아요?"

페기린을 믿고 응원하는 주민이 점점 늘어갔다. 어떤 이들은 왕실 수리를 돕겠다며 팔을 걷어붙였고, 페기린이 보인다 싶으며 두 손을 번쩍 치켜들고 환호하는 이들도 있었다.

하지만 페기린이 염려했던 것처럼 세금을 횡령했던 원로들만은 끝까지 페기린을 괴롭혔다.

더는 세금에 손을 댈 수 없게 된 제사장 치아미는 수리 중인 왕궁의 목재를 수차례 훔쳐 내다 발각되고도 뻔뻔스럽게 제사장에서 물러나지 않았다. 주먹코 삼촌은 자신들이 페기린을 새 왕으로 선택한 이유가 여자인데다 수천 킬로미터나 떨어진 곳에 살고 있기 때문이었다면서, 계속해서 자신들을 감시하고 통제한다면 왕궁을 불태워 버리겠다고 협박했다.

'나를 왕으로 선택한 건 저들이 아니라 조상님들이잖아?'

페기린은 절대 좌절하지 않았다. 페기린은 마을을 위해 해야 할 일들에만 집중했다.

오투암에서 돌아오고 얼마 후였다.

샤일로 침례교회의 비 루이스 콜렉턴 목사가 페기린이 근무하는 대사관 홍보실을 찾아왔다.

"오투암의 여왕이신 페기린 양에게 드릴 말씀이 있습니다."

굵은 목소리는 힘이 넘쳤고, 다부진 어깨와 부리부리한 눈매는 진갈색 피부를 더욱 돋보이게 했다.

"어서 오십시오."

페기린은 무슨 일일까 궁금해하며 흔쾌히 자리를 권했다.

다른 직원들도 괜스레 주변을 서성였다. 시선을 떼지 못한 채 옆자리 직원들과 귀엣말을 주고받기도 했다.

"얼마 전, 우리 교회는 봉사활동의 범위를 좀 더 확대하고자 해외 선교부를 새로 조직하게 되었습니다."

메릴랜드 랜도버에 위치한 샤일로 침례교회는 아프리카계의 미국인들이 다니는 교회로, 고아원과 미혼모 보호소, 감옥이나 양로원 같은 소외된 이웃들을 위해 봉사활동을 펼치며 지역사회에 이바지하고 있었다.

"페기린 양도 잘 아시겠지만, 미국에 사는 우리 모두의 가슴 깊은 곳에는 아프리카의 마을과 두고 온 사람들에 대한 간절한 그리움이 숨 쉬고 있지 않습니까?"

콜렉턴 목사는 페기린을 지그시 바라보았다. 페기린은 조용히 고개를 끄덕였다.

"그래서 제일 먼저 아프리카의 적당한 마을을 선정해 그곳을 돕기로 했답니다. 그런데 때마침 교인 중 한 분이『워싱턴포스트』지에 실린 페기린 양의 기사를 보았던 모양입니다. 이곳 대사관에 근무하면서도 오투암 주민을 위해 헌신적인 노력을 아끼지 않는다는 내용이 아주 감동적이었다면서, 기왕이면 오투암 마을을 돕는 게 좋지 않겠느냐고 하더군요. 하여 오투암의 왕이신 페기린 양에게 그곳 마을에서 가장 절실한 것들이 무엇인지 직접 들으려고 찾아온 것입니다."

"저, 정말이세요?"

페기린은 자신의 귀를 의심했다.

"네. 그러니 허심탄회하게 그곳 마을에 가장 절실한 것들을 말씀해 보십시오."

페기린을 바라보는 그의 눈빛이 더없이 그윽했다.

"무엇보다도 고장 난 수도 시설을 대신할 수 있는 지하수 개발과 학교 설립 그리고 병원 구급차가 가장 절실합니다."

모든 게 절대 풀리지 않을 것처럼 절망적일 때 비로소 하늘에서 빛을 내려 주신다던 어머니의 말씀을 되새기며 페기린은 그것들이 필요한 이유까지 차근차근 설명해 나갔다.

"그 모두를 도와 드릴 수 있을 것입니다."

페기린의 설명을 듣고 난 콜렉턴 목사가 수더분하게 말했다.

"정말입니까?"

페기린의 눈이 휘둥그레졌다.

"먼저 교회 운영단의 승인을 받고 진행하는 게 순서겠지만, 그것들을 다 도와 드릴 수 있을 거라 확신합니다."

아무 걱정하지 말라는 듯 콜렉턴 목사는 고개를 끄덕여 보였다.

"고맙습니다! 정말 고맙습니다!"

페기린은 터져 나오는 환호성을 꾹 참았다. 하지만 자기 일처럼 기뻐하는 동료의 환호와 축하에 파묻혀 그만 눈물을 펑펑 흘렸다.

그로부터 정확히 2주가 지났을 때였다.

"강인함과 겸손함을 겸비했으며 오투암 주민을 위해 자신의 모든 것을 희생하고 주민을 최우선으로 생각하는 페기린 양이야말로 우리가 진정 돕기를 바라는 그런 사람입니다."

콜렉턴 목사는 마침내 교회 운영단의 승인을 받았다는 설명과 함께 오투암 마을을 전격적으로 돕겠다며 힘주어 말했다.

"내년 5월, 교인들이 모두 모인 자리에서 오투암의 왕인 페기린 양과의 공식 체결식을 거행할 계획입니다. 이곳 지역 소방대장을 만나 비포장도로에 적합한 구급차 구입에 대해 조언을 구하기로 했고요."

그러면서 오투암에 유치원부터 고등학교에 이르는 학교 시설을 세워 샤일로 선교단에서 운영할 계획이라고 했다.

"오투암의 주민을 대표해 진심으로 감사드립니다."

감격에 겨워 페기린은 제대로 말을 잇기도 어려웠다.

"학교가 완성되려면 적어도 몇 년은 걸릴 것 같습니다. 그래서 그동안 돈이 없어 학교에 다닐 수 없는 아이들을 도울 수 있는 후원 프로그램도 함께 진행해 볼 계획입니다. 기왕이면 마을에 있는 사립학교에 다닐 수 있도록 장학금을 후원할 생각이거든요. 아이 한 명당 연간 300달러는 필요할 테니, 장학금을 받고자 하는 아이들 사진을 찍어 후원 프로그램에 올리고 후원자들을 모집하는 방법입니다."

"누구보다도 아이들이 제일 좋아할 겁니다!"

페기린은 교복을 차려입고 등하교하는 아이들 모습을 상상해 보는 것만으로도 가슴이 벅찼다.

"그리고 조만간 선교사들을 오투암으로 파견해 학교 부지로 적합한 곳을 물색해 볼 생각인데, 혹시 좋은 곳이 있거든 추천해 주십시오."

"왕궁에서 조금 떨어진 곳에 빈 들판이 있습니다. 메인 스트리트에서 그리 멀지 않은 곳이라 아이들이 걸어서 다닐 수 있는 곳이거든요. 그 땅을 학교 부지로 기부하겠습니다."

작은 힘이나마 보태고 싶은 마음에 페기린은 오래전부터 마음에 두고 있던 학교 부지를 샤일로 선교단에 기부하기로 했다.

"그렇게 해 주신다니 고맙습니다."

콜렉턴 목사가 환하게 웃었다.

"학교가 들어서면 먼 곳에 사는 아이들을 위해서 스쿨버

스도 운행하도록 하겠습니다. 그에 따른 비용은 우리 왕실에서 부담할 계획이고요."

페기린은 멀게만 느껴지던 오투암의 미래로 한 걸음 더 바짝 다가간 기분이었다.

공식 체결식이 있고 얼마 후, 콜렉틴 목사는 지하수 개발을 위한 기금으로 7천 달러를 페기린에게 전달했다. 소식을 들은 워싱턴 지역의 기자들도 지하수 개발에 보태라며 그동안 모은 돈을 흔쾌히 내놓았다.

게다가 『워싱턴 포스트』지를 통해 페기린의 사정을 알게 된 독자 중에 오투암 마을을 위해 써 달라며 돈을 보내온 이들 역시 한둘이 아니었다. 토지세와 어부세를 포함해 그동안 왕실 계좌에 입금된 돈도 마을을 위해 무언가를 시도하는 데 절대 부족하지 않을 정도였다.

페기린은 나나 퀘시에게 지하수 양수 시설에 대한 의견을 물어보았다.

"비용이 많이 들긴 하겠지만, 마을 중심부에 관통하는 메인 스트리트에 지하수 양수 시설을 설치하면 훨씬 더 많은 주민이 혜택을 받을 수 있을 겁니다. 수동 펌프가 아닌 전기 모터를 이용해 지하수를 끌어올리도록 하고, 수인성 전염병을 막기 위한 정수 시설도 갖춰야 할 테고요."

"정말 좋은 생각이에요!"

매일 아침마다 물동이를 들고 수 킬로미터나 떨어진 곳까지 걸어야 하는 아이들의 모습을 떠올리며, 페기린은 나나 퀘시에게 공사 일체를 책임져 달라고 부탁했다.

"마침 아크라에서 온 나나의 조카가 저를 도와주겠다고 합니다."

"말라깽이 조카가 그리 나서 준다니 더없이 고마운 일이네요."

페기린의 끝없는 믿음과 관심 덕분에 자기만의 세계에 빠져 이상한 언행을 일삼던 말라깽이 조카는 원래의 제 모습을 되찾아가고 있었다. 전문 기술을 배우겠다며 기술학교에 등록까지 했다.

아프리카에 희망을 심다

"오투암의 변화를 시작으로
가나의 모든 가난한 이들에게
희망의 꽃씨를 심어 주고 싶습니다."

2010년 9월 24일, 페기린은 오투암을 다시 찾았다.

10월 7일에 있을 지하수 양수 시설의 완공 행사와 9일로 예정된 선왕의 장례식에 참석하기 위한 방문이었다.

이번에는 호주에 사는 남동생 파파도 오투암으로 오겠다고 했다.

"누나가 그토록 소원하던 지하수 양수 시설도 보고 싶고, 순둥이 삼촌 장례식도 참석하고 싶거든. 아무래도 누나를 도와줄 사람이 필요할 것 같아 이번 참에 아예 오투암 인근 도시에서 새 사업을 벌여 볼까 싶기도 해."

'파파까지 오투암 마을에 관심을 두다니…….'

페기린은 가슴이 뜨거웠다.

페기린을 태운 차는 지난번 방문 때보다 훨씬 더 엉망진창이 된 비포장도로를 지나고서야 오투암 마을로 들어섰다. 온몸의 뼈 마디마디가 쑤시고 결렸지만 페기린은 오투암의 미래를 떠올리며 애써 몸을 추슬렀다.

"새 왕궁이 많이 궁금하시지요?"

나나 퀘시가 메인 스트리트를 벗어나 왕궁이 있는 들판으로 차를 몰았다. 얼마나 달렸을까. 어느 순간, 웅장한 2층 건물이 페기린의 눈앞에 펼쳐졌다.

오투암의 바다를 그대로 옮겨 놓은 것 같은 외벽과 흰색 칠이 눈부신 지붕과 기둥, 흰색 난간으로 장식된 널찍한 발코니……. 상상 속 왕궁 그대로였다.

"나나 퀘시, 그동안 수고 많았습니다. 정말 고맙습니다."

페기린은 왕궁에서 오랫동안 눈을 떼지 못했다.

'2년 넘게 아크라의 영안실에 모셔져 있는 순둥이 삼촌을 이제야 조상의 품으로 보내 드릴 수 있게 되었구나!'

2주 후, 마침내 선왕이신 순둥이 삼촌의 장례식이 거행될

터였다.

사흘간의 행사가 끝나고 나면 이곳 왕궁은 페기린 자신의 상상 속 왕궁이 아니라 오투암 주민을 위한 왕궁으로 자리매김할 것이다. 페기린은 확신했다.

'주민 누구라도 벽돌 한 장 한 장마다 주민을 위해 학교와 수도, 병원 등을 마련해 주겠다는 새 왕의 약속이 담겨 있음을 알게 되겠지. 벽마다 기둥마다 오투암 주민의 자부심과 자신감, 앞날에 대한 기대감이 덧칠해져 있음도 느낄 수 있을 테고.'

페기린은 선왕의 장례식에 사용될 물품들도 장례식이 끝나는 대로 오투암 주민 누구나 이용할 수 있도록 할 생각이었다. 그렇게 되면 가족의 장례식을 제대로 치러 주고 싶어도 돈이 없어 포기해야 했던 주민에게 도움이 될 거라 믿었다.

"나나, 안으로 드십시오!"

나나 퀘시가 페기린을 왕궁 안으로 이끌었다.

"아헨구아가 모셔져 있는 의자 보관실부터 보고 싶네요."

페기린은 나나 퀘시를 따라 의자 보관실과 접견실 그리고 오투암 바다가 내려다보이는 방들을 차례차례 둘러보았다.

드디어 지하수 양수 시설의 완공 행사 날이었다.

메인 스트리트의 양쪽 길 끝으로 흰색 콘크리트 건물이 세워졌고, 건물 옥상 위에는 수천 명의 사람이 사용할 수 있는 큼지막한 물탱크가 우뚝 솟아 있었다.

"이제 지하수를 길어 나르려고 아침마다 몇 시간씩 걸어 다니지 않아도 된단 말이야?"

"물값을 안 내도 된다니, 이게 꿈은 아니겠죠?"

식이 시작되기 훨씬 전부터 메인 스트리트를 가득 메운 사람들은 흥에 겨워 어깨춤을 덩실거렸다. 여전히 믿기지 않는다는 표정인 사람들도 여럿 있었다.

꼬꼬! 꼬꼬꼬! 매에 매에에 매에!

빨갛고 노랗고 하얗고 파랗게 색칠을 한 닭들과 염소들도 이리로 저리로 몰려다니며 분위기를 돋웠다.

마침 가나와 통고 지역을 답사 중이던 콜렉턴 목사와 샤일로 교회의 교인들도 완공 행사에 참석했다. 선왕의 장례식 참석차 방문한 부족장 협의회 소속의 왕들도 여럿이었다.

행사의 꽃이라는 테이프 커팅식에 이어 콜렉턴 목사가 축하 연설을 하던 중이었다. 별안간 폭풍우가 몰려오더니 오투암 마을 전체를 뒤덮는 게 아닌가. 예상치 못한 비바람에 행사장에 모였던 사람들이 우왕좌왕 어찌할 바를 몰라 했다. 하지만 거센 빗줄기도 아랑곳하지 않은 채 콜렉턴 목사는 목청을 높여 외쳤다.

"하늘까지 직접 나서서 오투암 마을에 신선한 물이 얼마나 많은지 보여 주고 계시네요. 이 폭풍우야말로 이곳의 양수 시설이 대대손손 절대로 마르지 않을 거라는 하늘의 약속이 아니고 무엇이겠습니까?"

쩌렁쩌렁한 목소리에 자신감이 넘쳐났다. 사람들을 쭉 둘러보는 눈빛도 그윽하기 이를 데 없었다.

"옳소! 옳소!"

"그럼요. 그렇고말고요!"

말이 끝나자마자 우왕좌왕 어찌할 바를 몰라 하던 사람들 모두 박수와 환호로 화답했다.

잠시 후, 폭풍우가 잦아들더니 언제 그랬냐는 듯 짙푸른 하늘이 모습을 드러내며 오투암 마을 위로 태양 볕을 쏟아냈다.

공식 행사가 끝나자 간단한 다과와 함께 친목의 시간이 이어졌다.

"선왕의 장례식 때 다시 오겠습니다."

콜렉턴 목사는 교인들과 함께 다음 답사 지역으로 향했다.

왕의 대리인 자격으로 마을 입구까지 그들을 배웅하고 돌아온 나나 퀘시가 페기린의 곁으로 다가왔다.

"나나 퀘시, 정말 대단한 일을 해내셨어요! 정말, 진심으로 고맙습니다!"

페기린은 여전히 건물 위로 우뚝 솟은 물탱크에서 눈을 떼지 못했다.

"그리 말씀해 주시니 몸 둘 바를 모르겠습니다."

나나 퀘시가 뒤통수를 긁적이며 쑥스러워했다.

"그러고 보면 내가 참 복이 많지요?"

페기린은 부족장 협의회 소속의 왕들과 어울려 담소를 나누고 있는 파파와 말라깽이 조카를 넌지시 건너다보았다.

페기린 자신을 돕겠다며 호주에서 와 준 파파도, 나나 퀘시를 도와 지하수 양수 시설을 설치한 말라깽이 조카도, 페기린에게는 더할 수 없이 큰 힘이 아니고 무엇일까.

"그런 만큼 오투암을 발전시키고 주민의 삶을 풍요롭게 하는 데 최선을 다해야 할 테지요?"

페기린은 메인 스트리트로 눈길을 주었다.

"여부가 있겠습니까?"

나나 퀘시도 메인 스트리트 쪽을 바라보았다.

지역농업개발은행의 지점 건물이 들어선 것 말고는 띄엄띄엄 보이는 콘크리트 벽돌집도, 시커멓게 변한 지붕들도, 집 앞에 놓인 가판대들도, 여전히 작고 허술하기만 했다.

"메인 스트리트 초입에 빵집이 하나 있으면 좋을 거 같아요."

페기린은 메인 스트리트를 활성화할 방법들을 오래전부터 고민하던 차였다.

"저도 같은 생각을 했거든요?"

나나 퀘시가 신기한 듯 어린아이 같은 미소를 지었다.

"그렇지요?"

페기린도 따라 미소 지었다.

"길 끄트머리쯤에 있는 가게에서 빵을 팔고 있긴 한데, 다른 마을에서 빵을 떼 와 파는 거라 영 신선하지 않잖아요? 비싸기도 하고요. 이제 양수 시설도 갖춰졌으니 이곳에서 직접 빵을

구워 팔면 우리 마을 주민도 갓 구운 빵을 값싸고 맛있게 먹을
수 있지 않겠어요?"

"당연히 그럴 겁니다."

나나 퀘시가 고개를 주억거렸다.

"안경 전문점도 필요할 테고요. 주민이 안경 하나 맞추려
해도 위네바까지 나가야 하니 시간은 시간대로 들고, 돈은 돈
대로 들고. 그런 수고로움을 덜어 주고 싶거든요."

페기린의 눈망울이 희망으로 빤짝거렸다.

"가구 제작소도 한 곳 정도는 있어야 할 것 같고요. 머잖
아 고등학교도 생길 거잖아요? 그럼 학생들이 그 가게에서
기술도 배우면서 의자나 탁자 같은 간단한 가구를 만들어 팔
면 주민은 저렴한 가격에 좋은 가구를 사서 쓸 수 있지 않겠
어요?"

"나나다운 생각입니다!"

나나 퀘시는 페기린의 열정이 그저 놀라울 따름이었다.

"그렇게 꼭 필요한 가게들을 한 곳 한 곳 늘려가다 보면
오투암 주민의 경제 활동에도 활력소가 될 거예요."

"혹시라도 창업 자금이 필요한 사람들은 이곳 은행 지점

에서 소액 대출을 받을 수도 있을 겁니다."

"맞아요! 상인들은 그날그날 번 돈을 안전하게 은행에 입금할 수 있고요."

"그거야말로 일석이조가 아니고 무엇일까요?"

페기린과 나나 퀘시는 약속이나 한 것처럼 메인 스트리트를 훑어보았다. 둘의 마음은 벌써 상상 속 메인 스트리트로 가득 차 있었다.

"참! 마을에 사는 주민을 위해서도 그렇고, 상점을 운영하는 상인들이나 상점을 이용하는 고객들을 위해 메인 스트리트에 대규모 공중화장실도 지을 생각이랍니다. 학교를 오가는 아이들도 아무 때고 볼일을 볼 수 있도록 말이에요. 남자든 여자든 적어도 예닐곱 칸씩은 마련할 생각이에요. 무엇보다도 청결이 우선일 테니 낮이고 밤이고 청소 요원들을 배치해서 늘 깨끗하게 관리할 생각인데, 그러려면 예산이 우선 확보되어야 할 것 같아요."

"나나의 생각이 그러하시다니, 이른 시일 내에 원로회의를 소집해서 설계며 예산 문제 등을 논의하겠습니다."

나나 퀘시가 환하게 웃었다.

"부탁할게요."

페기린의 입가에도 환한 웃음꽃이 피어났다.

"여기 계신 줄 모르고 한참을 찾았습니다!"

그때였다. 오투암 인근의 13개 마을에서 온 왕들이 페기린 곁으로 몰려들었다.

"우리 마을에도 지하수 양수 시설을 갖추었으면 하는데, 혹 도움을 받을 수 있을까 해서 말입니다."

가장 나이가 지긋한 왕이 먼저 운을 뗐다.

"그럼요! 샤일로 교회에서 지으려는 학교 구역에 여러분의 마을도 포함하기로 콜렉턴 목사님께서 약속해 주셨는걸요?"

"정말입니까?"

"그간의 이곳 사정이 영 여의치 않았던 걸로 알고 있는데, 그 와중에도 이웃 마을까지 살펴주실 거라곤 생각도 못했습니다!"

모두 놀라는 기색이 역력했다.

"내가 아무리 오투암의 왕이라지만, 그렇다고 오투암 주민만 깨끗한 물을 마시길 원할까요? 여러분 마을의 주민도 깨끗한 물을 마실 권리가 있으니 지하수 양수 시설을 설치하려는 마을은 언제든 말씀하십시오. 나나 퀘시와 내가 최선을 다해 도와 드리겠습니다."

왕들을 둘러보는 페기린의 표정에 자신감이 넘쳐났다.

"그리 해 주신다니 정말 고맙습니다."

"그렇게만 되면 우리 마을 주민도 더는 더러운 연못물을 마시지 않아도 되는 거지요?"

"시커먼 흙탕물을 마시다 수인성 전염병에 걸리는 일도 더는 없을 테고요?"

이웃 마을 왕들 모두 앞다퉈 고마움을 표했다.

"그리고 앰뷸런스를 구입하는 대로 아무리 외진 곳이라도 운행하도록 할 생각입니다. 이곳 병원의 간호사들을 아크라의 대형 병원에 파견해서 최신 의료 장비가 갖춰진 앰뷸런스에 대한 전문교육도 병행할 예정이고요."

어찌 인근의 13개 마을뿐일까. 페기린은 오투암의 변화를 시작으로 가나의 모든 가난한 이들에게 희망의 꽃씨를 심어주고 싶었다. 아프리카 전역으로 희망의 꽃밭을 확장해 나갈 생각이었다. 그러기 위해서는 무엇보다도 먼저 자신의 모든 것을 내놓아야 한다는 사실도 결코 잊지 않았다.

선왕의 장례식이 끝나자 페기린은 마을 회의를 소집했다.

오투암에 처음 왔을 때 마을 회의를 소집한 적이 있었다. 하지만 시간이 한참 지나서야 대여섯 명의 주민만 삐죽 얼굴을 들이밀었을 뿐이었다.

그렇지만 이번엔 폰톰프롬의 웅장하고 근엄한 북소리가 울려 퍼지자마자 주민이 삼삼오오 모여들었고, 왕궁 접견실은 회의 시간 훨씬 전부터 사람들로 가득 차 발 디딜 틈조차 찾기 어려웠다.

페기린은 먼저 이번 장례식에 사용된 물품들을 오투암 주민 모두가 이용할 수 있도록 하겠다고 선포했다. 그러면서 이는 분명 모두에게 경제적으로 도움이 되어 줄 거라는 말도 덧붙였다.

"오투암의 왕 만세!"

"만세! 만세! 만만세!"

주민은 펄쩍펄쩍 뛰며 환호성을 질렀고, 발을 구르며 손뼉을 쳐 댔다.

"여러분 중에 왕실 계좌에 돈이 얼마나 들어 있는지, 어디에 얼마나 쓰였는지 궁금한 사람이 있으면 저와 왕의 대리인인 나나 퀘시에게 물어보시면 됩니다. 그러면 통장을 공개해 기록들을 직접 확인할 수 있도록 할 것입니다."

페기린이 말을 이어가자 주민은 기쁨에 겨워 환호성과 박수로 화답했다.

어느덧 주민의 생각을 듣는 시간으로 이어졌다.

"오늘 회의는 여러분의 이야기를 듣고자 마련한 자리입니다. 궁금한 게 있거나 건의할 게 있거든 허심탄회하게 말씀하십시오."

"제가 먼저 한 말씀 드리고 싶습니다!"

접견실 뒤쪽에 있던 남자 하나가 손을 번쩍 치켜들며 외쳤다.

"여기에 모인 우리는 모두 어떻게든 우리를 돕고자 애쓰시는 나나께 전폭적인 지지를 보내야 할 것입니다. 만약에 나나의 정책에 반대하거나 힘들게 하는 자가 있다면 그런 자는 분명 천벌을 받게 될 것입니다."

"맞아요! 맞습니다!"

"나나께서는 진실한 영혼을 소유한 분이십니다. 그래서 많은 사람이 이곳까지 직접 찾아와 도움의 손길을 내밀어 주었다고 생각합니다. 만일에 나나께서 눈곱만큼이라도 나쁜 마음을 품으셨다면 단 한 명이라도 나나를 믿고 이곳까지 와 주었을 리가 있겠습니까?"

"나나가 아니었다면 우리가 어떻게 돈 한 푼 내지 않아도 깨끗한 물을 마음껏 먹고 마실 수 있게 되었겠습니까? 미국 교회에서 우리 마을에 고등학교도 세워 준다는 소식에 벌써 자신들의 꿈을 이룬 듯 들떠 있는 아이들을 보고 있으면 먹지 않아도 배가 다 부를 지경이지 뭡니까?"

"처음 왕궁 공사를 한다고 했을 땐 설마, 설마, 했거든요. 그런데 이렇게나 웅장하고 멋진 왕궁을 보게 될 줄 누가 알았겠습니까? 이제 왕궁만 봐도 어깨가 절로 으쓱해집니다. 제가 오투암 마을의 주민이라는 게 얼마나 자랑스러운지 모르겠습니다."

"크아! 크아! 암파!"*

★ '옳소!'라는 뜻의 판테어입니다.

남자에 이어 여기저기서 폐기린이 이룬 업적들을 예찬했다. 그때마다 박수와 환호가 터져 나왔다.

"허구한 날 남편에게 맞고 살았던 저로서는 요즘처럼 행복한 나날이 또 있을까 싶을 뿐입니다. 나나야말로 저와 제 아이들의 은인임을 죽는 날까지 절대 잊지 않을 겁니다."

"파도와 싸워 가며 고기를 잡아 오면 뭐합니까? 빈 그릇을 들고 기다렸다가 갓 잡아 온 고기를 빼앗아 가는 원로들 때문에 고기잡이를 때려치우려 했던 적이 한두 번이 아닙니다."

"저는 아예 이 마을을 떠나 버릴까도 생각했었는걸요."

그간의 고충을 털어놓으며 감격의 눈물을 흘리는 주민도 적지 않았다.

"나는 여자이지만 강인한 오투암의 왕이기도 합니다. 왕으로서 의당 해야 할 일을 했던 것이고요. 그런데도 여러분 모두가 내가 이 마을을 돕고자 얼마나 애써 왔는지 알고 있다니 더더욱 힘이 납니다."

폐기린은 감격에 겨워 주민을 찬찬히 둘러보았다. 하나같이 기대와 희망에 찬 표정들이었다.

"앞으로도 나는 여러분과 마을을 위해 최선을 다할 생각입니다. 그러니 여러분은 나를 믿고 따라 주십시오."

페기린의 눈빛에도 희열과 열정이 넘쳐났다.

"무엇이든 말씀만 하십시오! 언제든, 어디서든 모두 나나를 도울 것입니다."

"나나를 보내 주신 조상님들께 부끄럽지 않도록 저희야말로 전력을 다할 것을 맹세합니다!"

"마을의 들과 산과 해변에 사는 77명의 신이 얼마나 기뻐하실지 눈에 선하네요!"

모두 이구동성으로 존경과 지지의 뜻을 외쳤다.

오투암의 미래는 아직도 진행형

"자신이 옳다고 믿으며 굳세고 힘찬 의지로 사노라면
언젠가는 꿈꾸던 바를 이루게 될 겁니다."

"아, 피곤해!"

페기린은 겨우 눈을 떴다. 새해를 맞아 대사관 홍보실은
특별 업무로 분주했다. 퇴근 시간이 훌쩍 넘어서야 집으로 돌
아와 저녁도 먹는 둥 마는 둥 잠자리에 들었는데도 온몸이 나
른하기만 했다.

'맞다, 아무리 바빠도 오늘은 비행기 표를 꼭 예약해야지!'

페기린은 특별 업무 기간이 끝나는 대로 휴가를 얻어 오
투암에 다녀올 생각이었다.

"아직 점심시간 전이겠지?"

페기린은 출근 준비도 미룬 채 가나에 있는 파파에게 전화를 걸었다.

"누나?"

벨이 여러 번 울리고서야 파파가 전화를 받았다.

"가게는 잘 돼?"

페기린을 돕겠다며 호주에서 와 주었던 파파는 결국 위네바에 자리를 잡고 도심을 가로지르는 도로변에서 주유소와 카센터를 운영하고 있었다. 사업 수완이 뛰어난 데다 나나 퀘시와 말라깽이 조카가 가까이에 살고 있어 얼마나 듬직한지 몰랐다.

"두말하면 잔소리지!"

여전히 활기찬 목소리였다.

"그건 그렇고, 오늘은 무슨 부탁을 하려고 전화한 거야?"

페기린은 오투암과 관련한 크고 작은 일들을 수시로 파파에게 부탁했다. 그러면 파파는 기다렸다는 듯 제 일을 제쳐놓고라도 이리저리 분주히 뛰어다녀 주었다.

"메인 스트리트 쪽에 도서관 건물로 적합한 곳이 있나 찾아볼 겸 조만간 오투암에 들릴까 하는데 너도 시간 좀 낼 수 있겠어?"

샤일로 교회에서 세울 학교에 도서관도 함께 건립된다는
걸 모르는 바 아니었다. 하지만 페기린은 그와는 별도로 메인
스트리트에 작은 도서관을 세울 계획이었다. 마을 주민과 아
이들 누구나 원하는 책을 마음껏 보고, 인터넷 사용법도 익히
도록 해 주고 싶었다. 나나 퀘시를 비롯한 원로들도 그 정도의
예산은 충분히 마련할 수 있을 거라며 적극 지원을 약속했다.

"그런 일쯤은 나한테 맡겨도 되는 거 아냐? 나나 퀘시도
있잖아?"

파파는 대사관 일만으로 바쁜 중에도 먼 길을 오가야 하
는 페기린이 늘 걱정이었다. 오가는 비용도 얼마나 부담일지
모르지 않았다.

"아, 아냐. 그 참에 주지사를 만나 지방 정부나 중앙 정부
에서 책이며 컴퓨터를 기증 받는 방법을 논의해 볼까 하거든.
지난번에 약속했던 도로 정비 문제도 어찌 돼 가나 알아봐야
할 테고."

재작년, 선왕의 장례식 후였다. 고등학교 설립 건 때문에
콜렉틴 목사와 함께 주지사를 만나러 갔을 때였다.

"우리 지역에 학교를 세워 주신다니 최선을 다해 돕도록 하겠습니다."

주지사는 기쁨을 감추지 못하며 콜렉턴 목사에게 최대한의 협조를 약속했다.

"오투암으로 통하는 비포장도로를 전면적으로 정비할 수 있도록 내년 예산을 책정해 둘 테니 아무 걱정하지 마십시오."

그리고 주지사는 페기린에게도 약속했다. 미국인의 투자를 이끌어 낸 고마움의 표시로 중앙 정부에서 적극 추천한 모양이었다.

'드디어 비포장도로를 정비할 수 있게 되었구나!'

페기린은 너무나 설레고 기뻐 한동안 말을 잇지 못했다.

그리고 작년 11월, 마침내 고등학교 설립 계획이 담긴 취지서를 지역 정부에 제출했고 건축가와 건설업자도 선정할 수 있었다. 오투암을 돕겠다고 나서는 단체들도 여럿이었다. 그런 만큼 이번 기회에 도로 정비 건의 진행 상황을 재차 확인해 볼 생각이었다.

"암튼, 누나의 그 정성을 누가 말리겠어? 그래도 너무

무리해서 움직이진 마. 아직 할 일이 태산인데 오투암의 왕께서 덜컥 병이라도 나면 큰일이잖아?"

오투암의 주민이 페기린을 얼마나 믿고 의지하는지 파파인들 어찌 모를까.

"너도 끼니 꼭꼭 챙겨 먹기다?"

"내 걱정은 이제 그만해도 된다니까."

젊은 시절에 무작정 가나를 떠났던 자신이 뒤늦게나마 제대로 된 삶을 영유할 수 있게 된 건 오직 페기린의 관심과 사랑 덕분이라고 생각하는 파파였다. 파파는 자신이 받았던 사랑을 페기린에게 돌려주고 싶은 마음뿐이었다.

"그래. 아무튼 휴가 날짜가 정해지는 대로 다시 연락할게."

전화를 끊고 난 페기린은 출근 준비를 서둘렀다.

페기린은 차에 몸을 실었다.

"나 때문에 많이 힘들지? 그렇지만 오늘 하루도 잘 부탁해!"

페기린은 습관처럼 운전대를 쓰다듬어 주고서야 시동을
걸었다. 아무 걱정하지 말라는 듯 엔진 소리는 맑고 깨끗했다.

워싱턴의 중심부를 관통하는 록 크리크 파크웨이를 달려
신호등 앞에 멈춰 섰을 때였다. 좌회전 깜빡이를 켜던 페기린
은 문득 조수석에서 강렬하고도 차분한 목소리가 들려오던 4년
전 어느 날을 떠올렸다. 지난 시간이 머릿속에 파노라마처럼
펼쳐졌다.

"엄마, 나 잘하고 있는 거지요?"

페기린은 빌딩 사이로 보이는 하늘을 우러러봤다.

"그래, 암마야! 조상님들께서 너를 선택하신 이유를 절대
로 잊지 말아라!"

하늘가 저만치에서 나지막한 어머니의 속삭임이 들리는
것 같았다.

페기린은 자신이 꿈꾸는 오투암의 미래가 한 번에 다 이루

어지지는 않을 거라는 것을 잘 알고 있었다. 그럼에도 자신이 옳다고 믿으며 굳세고 힘찬 의지로 당당하게 사노라면 언젠가는 꿈꾸는 바가 이루어질 거라 믿었다.

"겸손한 마음도 절대 잊지 않을게요!"

페기린은 핸들을 힘주어 잡으며 신호를 따라 좌측 길로 접어들었다. 찬란한 햇빛이 페기린의 얼굴로 들이비치기 시작했다.

페기린 바텔스 연보

- 1953년 가나 케이프 코스트에서 태어남.
- 1971년 고등학교 졸업, 쿠마시 폴리테크닉과 런던 사우스게이트
         테크니컬 칼리지에서 요식업을 공부.
- 1979년 가나 대사관에서 근무 시작.
- 1997년 미국 시민권 취득.
- 2008년 가나 오투암의 여왕으로 간택.
- 현   재 미국 메릴랜드 주 실버 스프링에 거주하며 대사관에서
         근무하고 여왕으로서의 역할 수행.

꿈을 주는 현대인물선 16

가나 오투암의 여왕 페기린 바텔스

1판 1쇄 발행 2014년 1월 23일
1판 2쇄 발행 2016년 5월 30일

글 김영주 ㅣ 그림 박로사
펴낸이 안성호
편집 이소정 조경민 강별 ㅣ 디자인 이보옥 황경실
펴낸곳 리젬 ㅣ 출판등록 2005년 8월 9일 제 313-2005-00176호
주소 04018 서울시 마포구 동교로9길 9 102호
대표전화 02-719-6868 편집부 070-4616-6199 팩스 02-719-6262
홈페이지 www.ligem.net
전자우편 iezzb@hanmail.net

이 도서의 국립중앙도서관 출판시도서목록(CIP)은 서지정보유통지원시스템 홈페이지(http://seoji.
nl.go.kr)와 국가자료공동목록시스템(http://www.nl.go.kr/kolisnet)에서 이용하실 수 있습니다.
CIP제어번호: CIP2013026456

ISBN 979-11-85298-06-1
      978-89-92826-87-7 (세트)

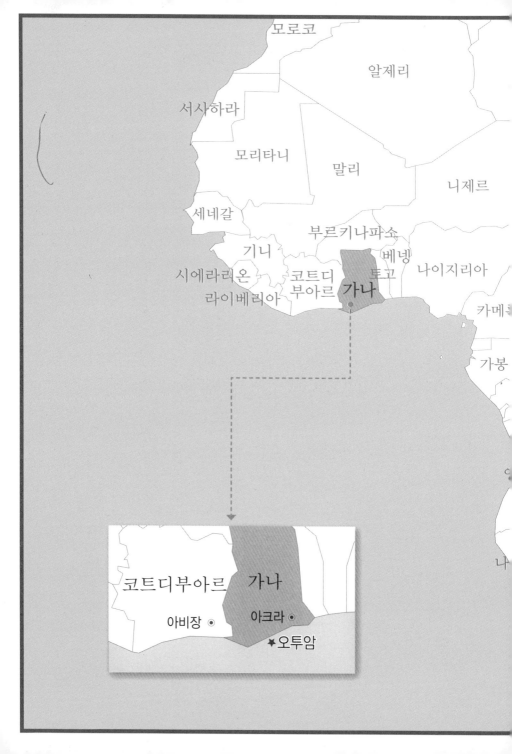